本书获得国家自然科学基金青年科学基金项目(71501188)
中央高校基本科研业务费专项资金资助项目(16CX05009B)
2017年度山东省高等学校人文社科研究计划项目
2017年度青岛市社会科学规划研究项目资助

公私合作项目
全寿命周期视角的
契约设计与优化

孙燕芳 ◎ 著

中国社会科学出版社

图书在版编目（CIP）数据

公私合作项目全寿命周期视角的契约设计与优化/
孙燕芳著． —北京：中国社会科学出版社，2017.7
　ISBN 978 - 7 - 5203 - 0146 - 6

　Ⅰ．①公…　Ⅱ．①孙…　Ⅲ．①政府投资—合作—
社会资本—研究—中国　Ⅳ．①F832.48②F124.7

　中国版本图书馆 CIP 数据核字（2017）第 074505 号

出 版 人	赵剑英	
责任编辑	卢小生	
责任校对	周晓东	
责任印制	王　超	
出　　版	中国社会科学出版社	
社　　址	北京鼓楼西大街甲 158 号	
邮　　编	100720	
网　　址	http：//www.csspw.cn	
发 行 部	010 - 84083685	
门 市 部	010 - 84029450	
经　　销	新华书店及其他书店	
印　　刷	北京君升印刷有限公司	
装　　订	廊坊市广阳区广增装订厂	
版　　次	2017 年 7 月第 1 版	
印　　次	2017 年 7 月第 1 次印刷	
开　　本	710×1000　1/16	
印　　张	13.75	
插　　页	2	
字　　数	185 千字	
定　　价	60.00 元	

凡购买中国社会科学出版社图书，如有质量问题请与本社营销中心联系调换
电话：010 - 84083683

前　言

2014 年以来，公私合作（Public – Private – Partnership，PPP）模式在我国获得了巨大发展，世界银行称赞我国为全球推广 PPP 模式的领袖。

我国将 PPP 模式称为政府与社会资本方合作模式，十八届三中全会提出了"允许社会资本通过特许经营等方式参与城市基础设施投资和运营"精神。2014 年 9 月，财政部《关于推广运用政府和社会资本合作模式有关问题的通知》全面解析了 PPP 模式；2014 年 11 月，国务院《关于创新重点领域投融资机制鼓励社会投资的指导意见》为 PPP 模式的进一步推广提供了新的政策依据。在政策的推动下，PPP 模式现在"炙手可热"，超过 22 个国家部委和 90% 以上的省市地方政府均将 PPP 作为推进重大基础设施、区域开发、轨道交通和能源建设等的有效创新路径。

PPP 模式的研究和应用在我国还处于学术探讨和实践摸索阶段。从该模式的实践应用情况来看，项目运营中较多的不确定性因素使 PPP 项目的契约关系较为复杂，且具有典型的不完全契约特征。如果不能有效地解决公私部门之间的风险和收益的合理分配问题，将会影响 PPP 项目实现预期的经济效益和社会效益。

本书以不完全契约理论为主要理论依据，从全寿命周期的视角研究如何通过契约的设计与优化来提高 PPP 项目公私部门间的合作效率。全书按照"发现问题—分析问题—解决问题"的思路设计研究内容，针对 PPP 项目中公私部门之间委托—代理关系引发的逆向选择和道德风险问题，通过设计持续经营选择权的实物期权激励机制，修正特许经营方特许期内短视化的自利行为；针对 PPP 项目协议不完全契约特征引发的项目剩余控制权配置难题，通过应用参照点效应理论，在项目契约中设计政府规制措施，实现公私部门间风险和收益的均衡分配；针对信息不对称和成本意识缺失造成的政府部门过度担保，引发潜在财政风险的问题，通过应用期权估价方法对政府担保成本进行合理估值，以及完善政府部门的信息披露制度，帮助政府部门优化政府担保决策；针对部分 PPP 项目获取超额收益侵害了社会公众利益的问题，通过公平偏好心理和行为策略分析，优化 PPP 项目对特许经营者的激励机制来调控超额收益。根据上述思路，全书分为四大部分共十章进行论述：

第一部分：PPP 模式的相关研究基础与研究现状分析。包括第一章至第三章，主要阐述本书的研究目的和研究意义、研究的理论基础、国内外研究现状，以及我国 PPP 项目的交易结构和存在的主要问题。

第二部分：PPP 项目全寿命周期视角下特许经营决策模型。包括第四章至第五章，首先构建 PPP 项目投资决策的基本模型，分析模型中受风险因素影响的关键变量和社会折现率的确定问题；然后在基本模型的基础上，从全寿命周期视角通过设计持续经营选择权，通过案例分析验证该选择权对修正经营者短视的自利行为的有效性。

第三部分：特许期内 PPP 项目剩余控制权配置的契约设计。包括第六章至第七章，在全寿命周期特许经营决策的基础上，针对项目特许期内不确定性因素对项目收益产生的影响，根据不完全契约理论，解决项目控制权与现金流权配置中的剩余控制权契约设计问题。

第四部分：风险收益均衡的 PPP 项目政府规制措施契约优化。包括第八章至第十章，首先，以实现 PPP 项目公私部门间风险和收益均衡为目标，通过多种政府规制措施组合方案的对比分析，为项目契约的优化提供决策依据。然后，对政府担保类规制措施进行实物期权估值，体现决策的成本效益原则。最后，从提高全寿命周期项目有效性出发，考虑特许经营者的公平偏好心理，为防止其采取不利于项目整体效益的惩罚性举动，对超额收益分享方案的进一步优化进行展望。

　　本书是国家自然科学基金青年科学基金项目（71501188）和山东省重大财经应用研究课题（ZDCJ－2016－5）的阶段性研究成果。研究团队成员有孙燕芳、何立华、周曲艺、张晓璇、鲁东昌等，在历时两年多的文献整理、项目调研、数据模拟、模型构建、案例分析等工作基础上完成了书稿；研究生张晓璇、鲁东昌、王晓月、曹永鹏、杜金章等认真地完成了书稿的校对工作；天津大学的张连营教授为本书的内容提供了很多宝贵的意见和建议。在此表示衷心的感谢！

　　本书的研究结论是团队成员的个人观点，受知识水平和研究能力所限，如有不当之处，欢迎批评指正。

孙燕芳

2017 年 1 月于青岛西海岸新区

目　录

第一章 绪论

第一节 研究背景和研究意义

一 研究背景

以国家财政对基础设施建设进行投资是世界各国普遍采取的方式，但是，随着经济的快速发展，社会对公共基础设施的需求日益增长，国家财政投资已经不能满足社会对公共产品或服务的需要，私人投资主体在公共基础设施的建设与发展中开始发挥越来越重要的作用。自20世纪90年代私人主动融资（Private Finance Initiative, PFI）模式在基础设施建设等公共项目中应用以来，许多国家和一些国际组织分别采取了多种公私合作的途径加以推广。公私合作（Public Private Partnership, PPP）模式作为在公共服务供给方面增长最快的机制，引起了普遍关注。

（一）公私合作制是促进公共项目发展的有效模式

为了提升公共服务水平，解决财政资金匮乏和公共部门投资及管理效率低下等问题，英国、葡萄牙、意大利、希腊、荷兰、爱尔兰等许多国家都广泛应用了PPP模式进行基础设施建设（Darrin and Mervyn, 2002）。PPP模式被认为是政府通过公共部门和私人部门的合作来提升公共服务水平的重要模式。这些PPP项目发展较为成熟的国家和地区，具体实施模式有着丰富的衍生形式，其功能也从最初的资金融通目的，发展到从项目全寿命周期统筹管理项目整体的成本效益，具体包括改进项目实施方案，降低项目投资、建设和经营成本，提高项目经营效益等多个阶段。

对于 PPP 模式的研究和应用我国还处于学术探讨和实践摸索阶段，虽然实践中存在一些问题，但 PPP 模式在我国基础设施领域的广阔应用前景不容置疑。我国《国民经济和社会发展"十二五"规划纲要》明确提出要创新公共服务供给方式，采取提供主体和提供方式多元化的改革思路，通过引入竞争机制，扩大购买服务，改革基本公共服务的提供方式。通过市场化改革推动非基本公共服务的发展，为满足群众的多样化需求，鼓励社会资本以多种方式参与，以放宽市场准入的方式，增强多层次供给能力。

为贯彻落实党的十八届三中全会关于"允许社会资本通过特许经营等方式参与城市基础设施投资和运营"的精神，2014 年 9 月，财政部下发了《关于推广运用政府和社会资本合作模式有关问题的通知》，肯定了推广运用公私合作模式的重要意义，强调推广该模式应做好制度设计和政策安排。这些为 PPP 模式在我国公共项目的应用提供了政策依据。

（二）PPP 项目的不完全契约属性引发剩余收益分配问题

经营性公共产品具有的可竞争性特点，使引入某种程度的市场机制更有效率。PPP 模式适应经营性公共物品的特性，将政府投资与私人投资者投资的优点进行结合。PPP 模式能否在公共项目领域广泛应用，一个关键问题是私营投资者的进入意愿，这种投资意愿的强弱，与准备实施 PPP 模式的公共项目的盈利前景密切相关。由于合作期限较长，项目风险的分配在缔约初期很难清晰科学地进行界定，PPP 项目协议具有典型的不完全契约属性。许多 PPP 项目前期的收益预测不准确，特许期、特许价格等决策要素初期的设定不太合理。有些情况下导致项目收益过高严重影响了社会公平，有些情况下项目无法实现预期收益，导致项目破产，影响社会福利。

鉴于 PPP 项目协议存在可缔约性缺陷，项目融资时所涉及的利益各方之间需要建立一个科学的协调机制。由于 PPP 项目资产所有权与特许经营权分离的特点和项目信息的不对称性，导致私人投资者参与项目的收益水平难以有效保障。契约经济学的理论发展为PPP项目的效率研究提供了强有力的理论工具。为保证PPP项目的有效实施，需要通过契约的合理设计对各种项目风险和收益进行有效的配置，但政府部门必须承担显著的缔约成本。

（三）政府部门缺乏成本意识过度转移项目风险

由于公共项目需要的投资规模较大、投资回收期较长、项目的整体盈利水平相对较低、受国家政策影响较大、经营过程中不确定因素较多等原因，公共项目对私人投资者而言往往是不具有财务可行性。为了吸引私人投资者投资公共项目，降低私人投资者的风险，就需要公共部门采取提供政府担保的方式转移私人投资者可能承担的风险。但是，由于政府部门吸引私人投资者参与投资的这种急切心态，再加上公共项目特许经营在一些发展中国家还属于新鲜事物，发展中国家市场环境不稳定、法律不健全，政府提供各种担保时没有进行成本估计的意识，导致PPP项目中政府担保过度的现状，引发了较大的财政风险和财政负担。

尤其随着经济周期的波动，在经济出现衰退，政府的税收收入减少的情况下，公共项目的经营业绩往往会比预期的业绩差，就会使政府担保这种隐性负债显性化。此时政府面临的风险有多大，政府暴露在外的应履行的偿债义务是多少，政府是否需要对这些未来可能发生的支付额提前做安排，都是值得思考的问题。

另外，我国的一些BOT高速公路项目，私营投资者获取了丰厚的回报，却没有相应的收益制衡机制。2008年国家审计署发布的《18个省市收费公路建设运营管理情况审计调查结果》显示，因特许期过长或交通量过高等原因，12个省市包括山东省、北京市等的35条经营性公路，许多项目的运营收入竟然达到投资的数倍甚至10

倍以上。① 对高收益项目如何建立起相应的收益分享机制，使政府部门在承担部分风险的同时分享项目的超额收益，该问题目前在国内理论界和实务界都很少涉及。

二　研究意义

PPP 融资模式的本质是公私部门间建立的契约关系，它旨在通过发挥公共部门和私人企业的优势来共同承担项目风险并分享收益，以达成社会总体目标和私营个体利益间的完美平衡。但由于合作期限较长，项目风险的分配在缔约初期很难清晰科学地进行界定，契约的不完全性导致契约双方无法事前规定好各种或然状态下当事人的权利和责任，协议执行期间可能出现的新问题，在事后也很难通过监督管理从根本上予以解决。这些受自然状态影响无法完全界定清楚的剩余收益分配权力为剩余控制权（孙慧和叶秀贤，2013）。当前，大多数 PPP 项目初始协议中的控制权配置方案对剩余收益的分配效果欠佳，容易引起风险和收益的分配不公，而不合理的风险和剩余收益分配会使私人投资者提高参与投资的必要报酬率，导致项目融资成本的上升和较高的公共服务收费水平，这不利于实现社会效益最大化。这种情况往往需要通过事后的再谈判来解决，但讨价还价的再谈判过程提高了项目决策的成本（Julie，2010；孙慧和孙晓鹏，2011）。

由于公共项目具有的长期性和公益性特征，缔约双方存在着利益和责任方面的分歧，双方在项目决策中有着不同的目标和期望。公共部门多元和复杂的目标、拥有的政治权威及其采取的一些规制措施，都增加了项目合同执行和修改的不确定性，这使得 PPP 项目的契约关系更为复杂。再者，随着时间的推移，特许期满后会有越来越多的 PPP 项目涉及移交的问题，如何保证所移交项目的资产质量和移交后的运营管理效率必须引起政府部门的关注。因此，应从

---

① 中华人民共和国审计署：《18 个省市收费公路建设运营管理情况审计调查结果》，http：//www. gov. cn/zwgk/2008－02/27/content_ 902834. htm，2008－2－27。

全寿命周期的视角研究如何通过契约的设计与优化，促使 PPP 项目实现预期的经济和社会效益。参照点契约理论的创新与发展为 PPP 项目契约效率的研究提供了强有力的理论工具。现有对契约参照点效应的研究主要采用理论模型和实验研究方法（Fehr，Hart and Zehndera，2011），但经过简化和抽象的实验情景即便设计完美也无法全面反映社会中的真实契约关系，这使理论研究结论的可靠性受到影响（徐细雄，2012）。剖析参照点效应如何对 PPP 项目缔约过程产生影响，从全寿命周期的视角设计特许期内的风险收益分配方案，并通过持续经营期实物期权激励机制的设计提高 PPP 项目的整体效率具有重要意义。一是能增强不完全契约理论的应用价值；二是借助于复杂性较强的 PPP 项目契约及其真实数据，采取实证检验的方法验证参照点效应，深化和拓展理论；三是为 PPP 融资模式的应用提供科学决策的依据。

第二节　研究的理论基础

一　项目区分理论

1954 年，萨缪尔森将公共产品定义为"每个人对这种物品的消费不会造成任何其他人对该物品消费的减少"。该经典定义在被人们接受的同时也受到许多质疑，学者们后续的研究根据公共产品是否同时具备消费的非竞争性和非排他性，以及所具有的竞争性和排他性的程度有所不同，将公共产品分为纯公共产品和准公共产品。就准公共产品而言，根据其公共程度的不同，又可以分为多种类别。但受社会公益目标要求变化和产品排他技术发展的影响，准公共产品与公共产品之间是可以动态转化的（陈其林和韩晓婷，2010）。

公共产品的需求与供给形成了公共产品的交易市场。从公共产品供给决策的角度，我国上海市城市发展信息研究中心结合我国城市基础设施建设的国情,在 2001 年发布的《上海市政、公用基础设施投融资发展战略研究报告》中提出了项目区分理论。① 所谓项目区分理论就是将公共项目区分为经营性与非经营性两类,根据项目的属性决定项目的投资主体、运作模式、资金渠道及权益归属等。该理论下对公共项目进行的分类,与《1994 年世界发展报告:为发展提供基础设施》中,世界银行从可销售性角度对项目进行量化评估,根据可销售性指数对项目的供给方式进行分类的方法是相同的。

非经营性项目采取政府投资运作模式,资金来源以政府财政投入为主,并配以固定的税种或税费得以保障,其权益也归政府所有。而经营性项目由社会投资,项目必须符合国家区域发展规划和产业导向政策,投资主体通过公开、公平、竞争的招投标参与项目,其融资、建设、管理及运营由投资方决策实施,项目权益归投资方所有。

对于公共基础设施项目,按是否有收费机制和有收费机制时是否有收益两个标准,可以分为非经营性项目、纯经营性项目和准经营性项目三类。

(1)非经营性项目。即无收费机制、无资金流入,项目目的主要是获取社会效益和环境效益,市场调节难以对此起作用,因此主要由代表公共利益的政府财政来承担。项目的资金来源以政府的财政投入为主,其以固定的税收或收费作为配套的保障,项目的权益当然也归政府所有。为提高该类项目投资决策的科学性和项目的投资效益,也要引入竞争机制,按投资制度进行操作。

(2)纯经营性项目。即营利性项目,其投资是价值增值过程,目的是实现利润最大化。此类项目有收费机制,有资金流入,可通过市场进行有效配置,可通过全社会投资来实现。该类项目的投资主体可以是民营企业,通过公开、公平的竞争参与招投标,项目的

_____

① 2001 年发布的《上海市政、公用基础设施投融资发展战略研究报告》。

权益归投资方所有。但在公共产品或服务的定价上，政府应兼顾社会公众的可接受能力和投资者的利益，采取"企业报价、政府核价、公众议价"的定价方式，尽可能做到私人投资者、政府部门、公众三方的满意。

（3）准经营性项目。此类项目有收费机制和潜在利润，但受政策和收费价格限制等因素的影响，可能无法收回成本，经济效益不够明显，附带部分公益性，属于市场失效或低效的部分。市场运行的结果可能造成项目资金供给的缺口，需要政府进行补贴维持运营。

本书主要针对经营性公共项目进行研究，包括纯经营性项目和准经营性项目。

二　项目融资理论

（一）项目融资的含义

项目融资有广义和狭义两层含义。广义的项目融资是"为项目融资"，指为特定项目的建设、债务重组或收购等目的而进行的融资活动，且为项目提供资金的银行等债权人对项目公司这一借款人所抵押资产以外的资金有100%的追索权。如果狭义地理解，项目融资是指"通过项目融资"，是以项目本身的期望收益或现金流量、项目资产、合同权益等作为还款保障来融资的行为，而项目投资主体的一般性信用能力不属于融资时的重要考虑因素，此种情况下债权人对借款人所抵押的资产以外的资产没有追索权或只有有限追索权（戴大双，2005）。由上述项目融资的含义可见，狭义的项目融资更适用于经营性公共项目，且这些公共项目进行项目融资时都需要经营政府的特许授权。本书后续分析都采用狭义项目融资的含义。

项目融资与传统企业融资相比较而言，差异表现在四个方面，如表1-1所示。

（二）项目融资的公私合作模式

由项目融资的含义可见，采取项目融资的项目应具备一定的特

表 1-1　　　　　　　　　　项目融资与企业融资差异比较

要素	企业融资	项目融资
融资基础	投资人（即债务人）的资产和信用	项目的收益或现金流量、项目资产、合同权益
风险分担	集中于投资人和担保人	所有项目参与者
追索程度	完全追索	有限追索或无追索
贷款占比	贷款占总资金比例较低	贷款占总资金比例较高，杠杆率高

征：（1）具有经济的独立性；（2）具有法律上的独立性；（3）项目自身产生的现金流量足够偿还贷款的本息；（4）项目有明确的经营目的且有限定的运营期。由于项目融资涉及较多的手续和较复杂的谈判过程，规模比较大、长期合同关系清楚、收益比较稳定的经营性公共项目比较适用该模式。

经营性公共项目采取项目融资的一种重要模式是公私合作模式，该模式下，项目融资应根据项目特点和项目所在国的具体情况灵活应对。概括而言，PPP 项目具有以下特征：

第一，PPP 项目是一种特许权项目。在大多数国家，PPP 项目的所有权归国家所有，政府部门只是把项目的建设、经营和维修保养等业务以授权的方式交给私人投资者特许经营，但政府拥有终极所有权。

第二，PPP 模式是政府部门和私人部门的长期合作。PPP 项目的特许经营期一般在 10—30 年时间，甚至长达项目的整个寿命期。长期合作关系下使投资者以追求项目总体和长期效率的提高为目标，不是仅关注降低项目的建设成本，而是努力使项目全寿命期的成本达到最低。在长期合作关系下，项目的成败取决于公私双方的合作关系。

第三，PPP 项目的成功实施受多项关键因素的影响。影响 PPP 项目的关键因素包括项目所在国的政治稳定性、立法和执法制度较为成熟、项目的经济可行性、项目风险的合理分担、产品或服务收费合理等。

三 不完全契约理论

（一）不完全契约理论的理论发展

由格罗斯曼、哈特和穆勒（Grossman，Hart and Moore）共同创立的不完全契约理论，又称 GHM 理论或 GHM 模型，以契约的不完全性为入手点，研究财产权或（剩余）控制权的最佳配置问题。该理论认为，受信息不完全性、人的有限理性及交易事项不确定性的影响，未来将要发生的事情难以准确预测，在契约中很难对各种可能情况下交易各方的责权利做出明确界定。因此拟定完全契约的交易费用相当高，不完全契约成为必然选择。当或然情况发生时缔约双方需要进行再谈判，因当事人前期履约时已经投入了资本，再谈判形成的双边垄断会造成双方事前投资不足的低效率状态。GHM 理论认为，解决该问题的办法是事前分配产权。GHM 理论将所有权定义为拥有剩余控制权或事后的控制决策权，并认为当契约不完全时，将剩余控制权配置给投资决策相对重要的一方是有效率的（Grossman and Hart，1986；Hart and Moore，1990；Hart and Moore，1999）。

马斯金和蒂诺罗尔（Maskin and Tirole，1999）及马斯金（2002）提出并证明了不相关定理，指出无法预见或难以描述的不确定事件对契约效率无关紧要。只要缔约双方知道或有事件带给各自的预期成本与收益，通过设计契约，事前规定好或有收益的分配，使双方在两种状态下的期望收益相同，或者能够获得不低于事前描述的条件下的福利，再根据未来的或然状态利用履约机制来反映真实结果，也能激励契约双方在事前做出最优投资。拉简和津盖尔斯（Rajan and Zingales，1998）否认了物质资产所有权对控制权配置的重要影响，提出了"进入权"的概念，认为企业资源的实际控制权应该掌握在对资源具有掌控能力的人手中，如具有信息和知识优势的管理者，而不论资源掌控者是否拥有资源的所有权。

哈特和穆勒（2008）将行为经济学的一些研究成果应用到契约理论，提出了参照点契约理论。他们把契约看作一个参照点，可供缔约双方在交易中权衡各自的得失。

（二）PPP 项目控制权配置的理论基础

哈特、施莱弗和维什尼（Hart，Shleifer and Vishny，1997）将不完全契约理论应用于公共部门采购和公共事业私有化问题，在不完全契约框架中讨论了公共部门的最佳边界问题，并提出了有关公共部门所有和私人部门承包问题的理论模型（即 HSV 模型）。HSV 理论将GHM 理论的合作方类型扩展到公共部门，指出合作方类型也会对控制权的配置产生影响，但是 HSV 理论未涉及产品属性对控制权配置是否有影响的问题，因而不完全适用于研究公私部门间采用 PPP 合作模式合作生产公共品时的控制权配置问题。

针对 HSV 模型的不足，比斯利和格哈塔克（Besley and Ghatak，2001）用 GHM 的不完全契约理论分析了公私部门合作生产纯公共产品时的控制权分配问题。他们认为，公私部门共同投资生产公共物品或服务时，控制权应该由对产品价值判断较高的一方拥有，该情景下的控制权配置不由投资的相对重要性或者其他生产技术方面的因素的影响。但 BG 理论只考虑了产出为纯公共品的情况，对现实中 PPP 模式广泛应用的准公共品领域未作进一步研究。为了更接近于 PPP 模式的现实特征，Francesconi 和 Muthoo（2010）对产品属性假设进行调整，尝试性地将研究扩展到公私部门合作生产准公共品的领域，提出了 FM 理论。

FM 理论体现为一种动态的控制权配置思想，该理论认为最优的控制权配置方式由投资重要性、产品的公共化程度和公私部门双方对产品价值的评价三方面因素共同决定，当这些主要的影响因素发生变化时，控制权在公私部门间的配置方式也应该与前述研究结论不同。如果产品的公共化程度很高，投资重要性因素不起作用时，得到的结论与 BG 理论一致，即应该将控制权全部分配给对产品评价较高的一方；但如果产品的公共化程度很低时，不需要考虑双方对产品的评价因素，控制权应该全部分配给主要的投资者，此结论与 GHM 理论一致。但 FM 理论的一个不足之处，是没有考虑 PPP 项目所具有的公私部门合作关系长期性这一特点对控制权配置的影响。

就 PPP 项目的经济实质而言，项目资产的所有权最终归公共部门所有，但是，在特许期内，私人投资者拥有项目资产的控制权。私人投资者具有建设、管理和运营项目资产的先进技术，通过经营项目为自己获取预期投资收益的同时，提供高质量的公共产品或服务实现令公众满意的社会福利。这正如蒂诺尔（2001）所认为的项目资源的实际控制权掌握在具有信息和知识优势的代理人手中。

第三节 研究目的、研究内容和技术路线

一 研究目的

将参照点契约理论应用于 PPP 项目不完全契约的设计与优化研究，为 PPP 项目契约效率的提升提供理论依据。分析全寿命周期视角下 PPP 项目特许期内和持续经营选择权的契约关系，探讨实物期权激励机制的作用机理，用实证检验的方法丰富和深化参照点契约理论，为提高 PPP 项目全寿命周期公私部间的合作效率提供决策依据。

为实现上述研究目的，需要解决好以下两个关键问题：

第一，应用参照点契约理论构建风险分担收益共享机制，解决 PPP 项目剩余控制权配置问题。受项目内外部复杂性的影响，PPP 项目契约的不完全性特征使项目剩余控制权的合理配置成为难题，研究 PPP 项目合作伙伴的行为和心理因素产生的参照点效应机理，思考在该效应影响下如何构建项目风险分担收益共享机制以合理配置项目剩余控制权。

第二，设计实物期权激励机制，预防 PPP 项目履约者自利行为和信息不对称引发的逆向选择行为，提高契约效率。从全寿命周期视角分析特许经营期和持续经营期的契约关系，对特许期满持续经营选择权进行契约设计，探讨如何设计行权条款，以避免经营者自利性履约行为和信息不对称问题对 PPP 项目效率的影响。

二 研究内容

为适应 PPP 模式在我国推广应用的现实需要，特许经营期是非常关键的决策变量。结合国内外学者前期的研究结论，本书以提高项目全寿命周期的经营效率为目标，从全寿命周期的视角以特许经营期为界将 PPP 项目的经营期分为特许期内和特许期后两个阶段探讨契约的设计和优化问题。全书的研究内容可以分成四大部分，共十章。

（一）PPP 项目融资的相关研究基础与研究现状分析

该部分包括本书第一章至第三章，主要阐述研究目的和研究意义、研究的理论基础、国内外研究现状、我国 PPP 项目的交易结构和存在的主要问题，如图 1 - 1 所示。

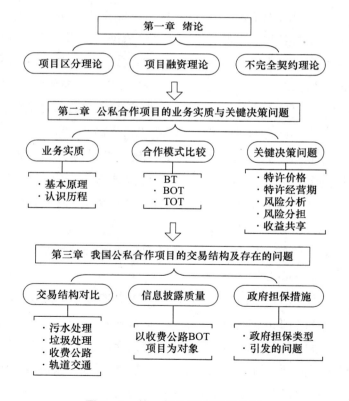

图 1 - 1 第一部分主要研究内容

第一章介绍公共项目 PPP 融资模式的研究背景和研究意义，以提高 PPP 项目全寿命周期内公私部门间的合作效率为研究目的，根据项目区分理论、项目融资理论和不完全契约理论等理论基础，设计全书的研究内容和技术路线。

第二章在文献总结的基础上介绍 PPP 项目的业务实质，根据 PPP 模式衍生出的 BT、BOT、TOT 等子类别，从模式结构、风险类别与风险分担、项目的经营权与所有权三个角度，比较分析不同模式的异同点。然后分析公共项目应用 PPP 模式涉及的特许价格、特许经营期和风险管理等关键决策问题。针对 PPP 项目实施中面临的风险控制这一难题，总结项目契约中采用的风险分享和收益分担措施。

第三章在前述的理论基础上，结合我国 PPP 项目的实务，以污水处理、垃圾处理、收费公路和城市轨道交通四个行业的 PPP 项目为对象分析其交易结构，对比各类项目盈利模式的特点，总结不同类项目为保证其可行性政府部门提供的收益保障措施的差别。并以收费路桥类 BOT 项目为对象，从我国路桥经营类上市公司公开披露的年度财务报告中获取的相关信息为依据，分析 PPP 项目资产管理的现状，总结其信息披露中存在的主要问题。最后对我国 PPP 项目风险管理中常见的政府担保措施类型进行归纳，分析过度的政府担保可能引发的问题以及应如何披露政府担保的风险信息，为政府担保措施在 PPP 项目中的应用提供决策参考。

（二）PPP 项目全寿命周期视角下特许经营决策模型

该部分内容在本书的第四章至第五章进行论述。首先构建 PPP 项目投资决策的基本模型，分析模型中受风险因素影响的关键变量和社会折现率的确定问题；然后在基本模型的基础上，从全寿命周期视角设计持续经营选择权，通过案例分析验证该选择权对修正经营者短视的自利行为的有效性，如图 1-2 所示。

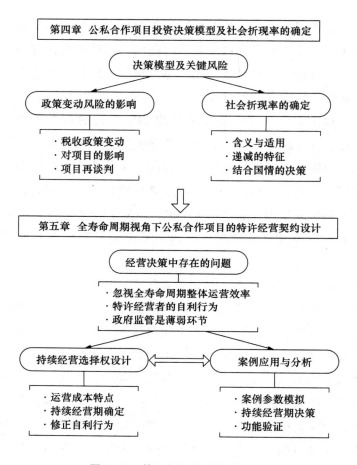

图 1-2 第二部分主要研究内容

　　第四章以 NPV 评价指标为基础，以 Shen 等提出的 BOTCcM 模型为依据，构建 PPP 项目特许经营决策的基本模型，分析决策时特许经营者和政府部门各自的利益诉求，并探讨 BOTCcM 模型中忽略的政府部门应使用的社会折现率的合理确定问题。根据决策模型，判断 PPP 融资中的风险类别和影响项目运营的关键风险因素，并就实务中污水处理项目遇到的税收政策变动风险进行具体分析。通过案例分析研究已实施的污水处理 BOT 项目受该政策变动的影响和可能引发的再谈判问题。

第五章在项目的全寿命周期视角下，通过分析特许经营阶段和持续经营阶段特许经营者和政府部门两个主体不同的利益要求，据以合理确定项目的特许经营期。决策思路是：先确定每类项目公私部门可接受的项目收益水平上下限，并以此为参照点从项目整个经济寿命期的角度在公私部门间确定合理的特许经营期取值区间。在契约中增加持续经营选择权条款，赋予经营者在特许期满后移交项目资产时可按新契约继续经营项目的选择权，根据项目的经济寿命期量化项目的收益递减规律，据以合理确定特许经营期和持续经营期的期限划分。从全寿命周期视角分析特许期和持续经营者的契约关系，探讨持续经营选择权的契约设计问题。特许期内经营者的履约行为会影响期满后项目的资产质量和持续经营阶段项目的业绩，选择权的契约设计能预防契约执行过程中履约者自利行为的发生，并减少信息不对称问题对契约效率的影响。因此，如何构建实物期权激励机制以避免特许期内经营者的自利性履约行为是本部分研究的关键。

（三）特许期内 PPP 项目剩余控制权配置的契约设计

该部分内容在本书的第六章至第七章进行论述。在全寿命周期特许经营决策的基础上，针对项目特许期内不确定性因素对项目收益产生的影响，根据不完全契约理论解决项目控制权与现金流权配置中的剩余控制权契约设计问题，如图 1 - 3 所示。

第六章将股份制企业控制权与现金流权分离问题的研究思路应用到 PPP 项目中，通过对 PPP 项目投资主体的重新分类，以公共部门或私人部门为终极控制权人分析 PPP 项目可能存在的控制权与现金流权分离问题。提出使用政府担保和收益分享组合方案改变 PPP 项目现金流权的分配路径，解决 PPP 项目两权分离引发的代理问题和剩余控制权配置难题。分析财务担保类、业绩担保类以及其他不同类别的政府担保措施对项目现金流权的调节功能。

第七章根据第六章设计的 PPP 项目控制权与现金流权配置方案，进行具体的契约设计实现风险共担收益共享的剩余控制权配置

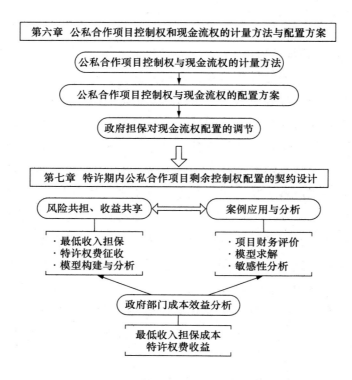

图 1-3 第三部分主要研究内容

效果。政府担保通过转移项目风险能起到稳定项目现金流和缩短投资回收期等的效果，收益分享条款能够平抑项目超额收益。各类项目的风险因素不同且收益水平有差异，因此，需要政府担保和收益分享的组合方案多种多样，分析各种组合方案对不同项目剩余控制权的配置功能，及各种组合方案在项目选定的特许经营期区间内对收益指标的影响，采取刚性契约设计思路，结合契约参照点效应进行契约的有效设计。

（四）风险收益均衡的 PPP 项目政府规制措施契约优化

该部分内容在本书的第八章至第十章进行论述。以实现 PPP 项目公私部门间风险和收益均衡为目标，通过多种政府规制措施组合方案的对比分析，为项目契约的优化提供决策依据。该优化决策需要借助两方面的信息：一是政府分担项目风险的成本估计；二是项目超额收益的合理分担。因此，需要对政府担保类规制措施进行实物期权估值，并从提高全寿命周期项目有效性出发，进一步考虑特许经营者的公平偏好心理，为防止其采取不利于项目整体效益的惩罚性举动，对超额收益分享方案的进一步优化进行展望，如图1-4所示。

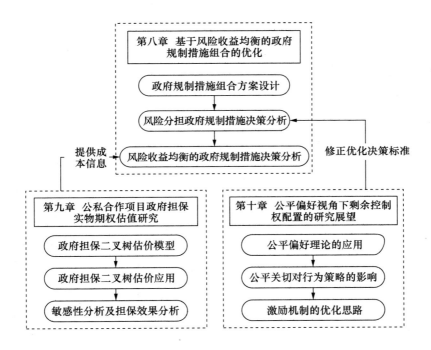

图1-4　第四部分主要研究内容

第八章针对PPP项目面临的多种风险因素，对应采取多种政府规制措施进行组合。在第三部分验证了PPP项目剩余控制权配置设计方案有效性的基础上，对最低业务量担保、特许价格调整、征收特许权费和收入上限等多种政府规制组合措施的效果进行对比，分析各种组合方案在项目确定的特许经营期区间内对收益指标的影响，并对各种组合方案从政府部门角度进行成本收益分析。

第九章在界定风险分担类政府担保措施实物期权特性的基础上，

应用二叉树估价模型对政府担保成本进行估值；以污水处理 PPP 项目为案例对象，对最低业务量担保进行期权估值，为政府部门决策提供成本信息。通过对最低业务量担保水平、项目初始业务量水平及业务量波动程度进行敏感性分析，得出政府担保成本与这些影响因素之间的关系。

第十章 PPP 项目公私部门间在进行收益分配时，特许经营者存在着公平偏好心理，在乐观环境下若政府获得较高的超额收益，会引发特许经营者的嫉妒心理，造成其对项目投入程度下降。这种由于公平关切造成的自利行为，也会影响项目移交后的后续运营效率，损害社会福利。因此，在超额收益的分享中，引入公平偏好的心理因素，从公平偏好视角完成对契约的优化是一个新的研究方向。

三　技术路线

为实现前述的研究目的，笔者按照"发现问题—分析问题—解决问题"的思路设计研究内容，具体的技术路线如图 1 - 5 所示。

PPP 模式下政府部门与特许经营者之间形成了委托—代理关系，针对该关系中经营者可能发生的逆向选择和道德风险行为，通过从全寿命周期视角的特许经营期和持续经营期关联决策，设计持续经营选择权的实物期权激励机制，引导特许经营者以实现长远利益更大化为目的，修正其特许期内短视化的自利行为。

PPP 项目受多种风险因素的影响，契约双方无法事前规定好各种或然状态下双方的权利和责任，因此，PPP 项目协议具有典型的不完全契约特征，项目运营的不确定性引发项目剩余控制权配置难题。通过在项目契约中设计政府规制措施，对风险分担和收益共享等措施进行不同的组合，调控不确定情景下的项目现金流，通过固定特许期模式的刚性契约设计，应用参照点效应理论，在保障特许经营者合理收益的前提下，实现公私部门间风险和收益的均衡分配。

由于我国吸引私人投资者参与公共项目的急切心态和缺乏成本

意识，再加上信息披露质量不高，公私部门间存在信息不对称问题，造成政府部门往往对 PPP 项目提供过度的政府担保，引发潜在财政风险。因此对 PPP 项目中常见的政府担保类型进行总结和归类，分析其具有的实物期权属性，并结合项目特征采取二叉树期权估价方法对政府担保成本进行合理估值，解决计量难题。通过完善政府部门的信息披露制度，合理披露潜在的成本和风险信息，帮助政府部门优化政府担保决策。

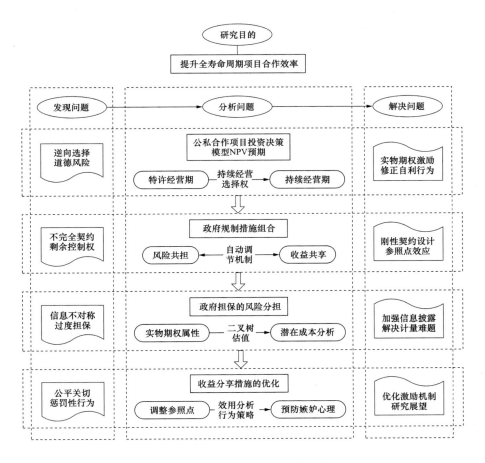

图 1-5　本书主要研究技术路线

　　鉴于 PPP 项目具有的公共产品属性，政府部门需要对特许价格和特许经营收益水平进行控制，防止经营状况良好的项目产生超额收益侵害了社会公众的利益。但是，在对 PPP 项目的超额收益进行调控的过程中往往忽视特许经营者存在的公平关切心理，如果分配不当，可能会因嫉妒心理而引发其有损于项目效率的惩罚性行为。因此，如何对 PPP 项目公私部门的效用以及他们可能的行为策略进行分析，如何进一步优化 PPP 项目对特许经营者的激励机制将是未来的一个研究方向。

第二章　公私合作项目的业务
实质与关键决策问题

第一节　公私合作项目的业务实质

一　公私合作模式的基本原理

公私合作制是总结了多种管理理论逐步运用到多个国家的公共项目并成功运营才被业界逐渐接受的模式。联合国已将 PPP 模式描述成一种"战略需要而不是政策选择"。[①] PPP 模式是指公共部门为吸引私人部门共同参与公共物品和服务的生产和提供,双方签订的代表长期合作关系的各种协议。可以从广义和狭义两个角度对 PPP 模式进行分类。广义的 PPP 模式包括公共部门与私人部门为合作提供公共产品或服务而建立的各种合作关系;而狭义的 PPP 模式则是指根据私人部门参与程度不同而细分的合作模式,具体包括 DB（design – build）、DBFO（design – build – finance – operate）、BOO（build – own – operate）、BOOT（build – own – operate – transfer）、BOT（build – operate – transfer）、BBO（buy – build – operate）、BTO（build – transfer – operate）和 TOT（transfer – operate – transfer）等（张喆、万迪昉和贾明,2008）。

[①]　United Nations, A Review of Public – Private Partnerships for Infrastructure Development in Europe, Economic Commission for Europe, Working Party on International Legal and Commercial Practice, 2002.

（一）公私合作模式按合作关系的分类

PPP 的本质是公私部门间建立的契约关系，它旨在通过发挥公共部门和私人投资者的优势来共同承担项目风险并分享收益，以达成社会总体目标和私营个体利益间的完美平衡。PPP 模式下，政府和私人投资者共同投资、共担风险、共享收益。对于 PPP 融资模式，不同的分类方式会有不同的分类结果。本书主要采取按公共部门和私人部门之间的合作关系将 PPP 项目分为横向和纵向合作关系两种类型的方式（王守清和柯永建，2008），如图 2 - 1 所示。每个采取 PPP 融资的公共项目会根据项目特点和投资主体的资金实力、技术特征，对所采取的具体模式进行选择和优化。

横向合作关系的 PPP 项目 [见图 2 - 1 （a）]，公共部门与私人部门共同出资成立项目公司，负责公共项目的计划、融资、设计和建设以及运营和管理，项目经营实现的收入由公私部门按出资比例进行分配。而纵向合作关系的 PPP 项目 [见图 2 - 1 （b）]，公共部门通过招标的方式，确定某私人投资主体或某几个私人投资主体组成的联合体作为项目的特许经营方，由私人投资主体或其联合体成立项目公司负责在特许期内完成项目的计划、融资、设计和建造，通过运营和管理项目获得合理的投资回报，特许期结束后，项目公司需要将项目资产无偿交付给公共部门，这种合作关系的最常见模式是 BOT 模式。

（二）公私合作模式所具有的优势与劣势

公私合作模式的主要优势是：第一，可以从多方面节省资源，政府可以专注于自己的核心竞争力，不需要在不熟悉的领域投入大量财政资源（Cumming，2007）。由于私营投资者的参与，其拥有的信息管理和知识产权方面的优势能使政府资产更加高效地被投入运营，大幅度提升公共设施和服务的质量。通过充分发挥私人部门的技术、经验和生产工艺方面的优势和他们进行管理创新的能力，公共服务可以更好地运行（Edkins and Smyth，2006）。第二，公共部门和私营部门可以分担不同阶段的项目风险（Shen，Platten and Deng，2006）。

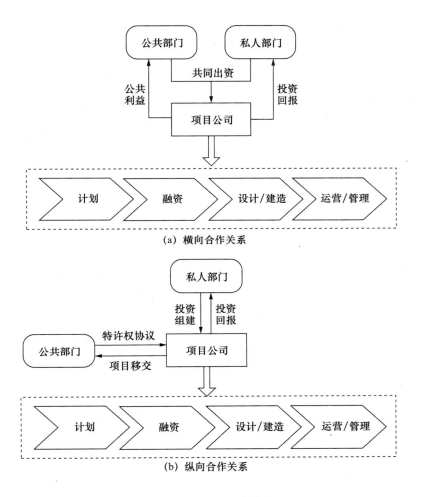

图 2-1　PPP 融资模式

私人部门将商业运作的原则运用到公共项目中，从而大幅度地降低了成本超支和项目延期的风险（Ho，2006）。公私部门间可以从项目全寿命周期的角度考虑如何分担风险，考虑到项目风险的不确定性，公私部门间也可每若干年进行一次重新谈判，以调整公私部门间共同承担的风险（Hurst and Reeves，2004）。第三，私人投资者承担起 PPP 项目的设计、建造和运营工作，有助于政府构建一个精简的公务员架构，使公共产品或服务能够高效、责任明确地被提供

（Tang，Shen and Cheng，2010）。

尽管 PPP 模式具有很多优势，但是，通过对 BOT 项目案例进行分析后发现，这些项目因成本超支、对价格和收入不切实际的预测、私人部门和政府之间发生法律纠纷等问题而陷入困境（Kumaraswamy and Zhang，2001）。当出现这些问题时，几乎都是政府和社会公众，而不是私人部门，承担了最终项目失败的成本。这些研究结论使我们更加注重如何应对这些可能导致 PPP 项目运营失败的风险。

理论界和实务中对公共项目 PPP 融资模式的研究热点主要集中在会影响项目参与主体利益的关键因素上，这些关键影响因素主要是特许价格、特许期以及影响项目建设与经营的风险管理问题等。

二　对公私合作项目业务实质的认知历程

PPP 项目信息披露相关规范的制定不仅是会计技术问题，还受到政治目的的影响（Hodges and Mellett，2005；Broadbent and Laughlin，2003），因此备受关注。PPP 项目发展的早期，政府部门认为，该融资模式下项目的主要风险转移给了经营方，项目资产以及政府为取得公共服务未来需要支付的对价无须在政府部门的资产负债表中列示。这种认识使 PPP 模式成为政府表外融资的工具，使政府部门获得大量公共产品和服务时却不会在公共部门的报表中产生政府负债，这促使政府部门大力推行 PPP 项目的发展。但一些学者和学术团体通过对已实施的 PPP 项目分析发现，政府为吸引私人投资者参与，往往提供各种形式的政府担保，许多隐性担保使政府部门成为项目主要风险的承担者，项目资产的控制权仍然掌握在政府部门手中。他们认为，现有的信息披露方法不能反映 PPP 项目的经济实质，掩盖了政府部门承担的支付责任和风险，不能正确地反映政府财政资金的使用效果，进而提出基于业务实质将 PPP 项目资产列示在政府财务报表中的建议（Shaoul，Stafford and Stapleton，2006；Acerete，Shaoul and Stafford，2010）。

政府部门和学术机构争论的结果，使英国财政部和欧盟统计局开始采用实质重于形式原则、风险和收益承担原则来判断项目资产该归属于政府部门还是特许经营方（Stafford，Acerete and Stapleton，2010）。但各国 PPP 项目在信息披露方面存在着较大差异，不利于跨国 PPP 项目的信息比较。欧盟区域内跨国 PPP 项目出现后，决策者们需要借助可比的财务信息进行决策，于是国际财务报告解释委员会成立了一个由澳大利亚、法国、西班牙和英国的代表组成的工作组，于 2006 年发布并于 2008 年修订了《国际财务报告解释公告第 12 号——服务特许权协议》（以下简称 IFRIC12）。[①] IFRIC12 规定：符合服务特许权协议条件的基础设施项目的控制权仍然保留在公共部门，经营方只是服务的提供者，享有在一定期限内使用基础设施的权利。因此，经营方对符合服务特许权协议定义的基础设施项目不应确认为其不动产、厂场和设备等资产项目，而应根据经营方提供公共产品或服务时收费对象的不同和收费金额的风险情况将服务特许权确认为金融资产或无形资产。英国财政部根据 IFRIC12 对本国的会计规范进行修订之后，在经济全球化要求会计规范国际趋同的背景下，许多国家都根据 IFRIC12 对本国关于 PPP 项目的会计规范进行了修订（Heald and Georgiou，2011）。

BOT 项目就是 IFRIC12 中所定义的服务特许权协议的典型代表，在相关研究的推动下，借鉴 IFRIC12，我国财政部 2008 年 8 月发布的《企业会计准则解释第 2 号》（以下简称《解释第 2 号》）规范了 BOT 业务中经营方的会计处理。明确规定：BOT 项目的经营方应根据合同赋予其收取或应收对价对象的不同以及收取或应收对价的确定性情况的不同，将 BOT 业务所建造的基础设施项目分别确认为金融资产或无形资产。但是，由于不同的 BOT 项目，其交易结构存在着许多差异和特殊问题，《解释第 2 号》中对 BOT 项目的很多细节方面并没有做出统一的规范，造成实务中具体的信息披露存在着较

① IASB，IFRIC Interpretation 12：Service Concession Arrangements，Developed by the International Financial Reporting Interpretations Committee and issued by the International Accounting Standards Board，2008.

多问题。

　　BOT 融资模式下，特许经营者将大量资金投资于项目资产，项目资产的有效运营是其回收投资和实现收益的基础；同时公共部门期望依托项目资产获得高质量的公共产品或服务，因此，公私部门都十分重视对 BOT 项目资产的管理。但现有的 BOT 项目信息披露方面存在较多问题，不能满足公私部门对 BOT 项目的管理和决策需要。

第二节　公私合作模式比较分析

　　PPP 模式衍生出的 BT、BOT、TOT、ROT、PFI 等一系列子类别模式各有其优缺点，适用范围也不尽相同。从模式结构、风险类别与风险分担、公共基础设施项目的经营权与所有权三个角度，着重比较分析 BT、BOT、TOT 模式的异同点，可以为特定公共基础设施项目建设选取合适的 PPP 模式提供参考。

一　模式结构的比较分析

　　BT 模式的全称为"Build – Transfer"，即建设—移交，是指由政府授予项目建设特许权的投资方按照一定的法定程序组建 BT 项目公司，并进行投资融资及项目建设，在双方规定的时间内完成任务且在项目竣工后按前期约定进行移交，最终由政府部门支付项目投资。

　　BOT 模式的全称为"Build – Operate – Transfer"，即建设—经营—移交，是指私人部门按合同规定从政府部门取得一定期限的项目特许经营权，然后由其组建项目公司进行项目的投资、融资、建设和经营，在特定期限内运营并向其用户收取一定的费用来收回投资、偿还债务并获得利润，在特许期满后将项目无偿（或以很低价格）移交给政府部门。

　　TOT 模式的全称为"Transfer – Operate – Transfer"，即转让—经

营—转让，是指私人部门向政府购买已经建成并运营的公共基础设施项目的所有权，并在一定的特许经营期内负责继续经营该项目以收回投资并获取利益，而政府部门可将这笔购买资金用于偿还政府贷款、缓解财政压力或投资建设新项目，特许期满后私人部门将项目重新交还给政府。

在 BT 模式和 BOT 模式中，私人部门承担了公共基础设施项目建设的主要工作甚至是全部工作，涉及的私人部门除了项目的发起人外，还包括项目公司、银行机构、保险公司、项目承包商、分包商、施工方、建造设备供货方、担保受托人等，参与者众多，建设、沟通、协商、分配、管理等在具体实施时都较为复杂，因而项目的筹备与建设存在一定的难度，融资成本比较高，运行周期比较长，项目风险也比较高。而 TOT 模式与之相比，不同点在于其目标公共基础设施项目是政府原有、已经投产并运营的，所以，该模式下不存在项目建设阶段，参与的私人部门承担的筹融资风险较小，前期投入的资金成本也相对较低，面临的债务压力比较小，项目的具体运营工作在实施时也因参与人员较少而更为轻松和灵活。政府在确定项目转让方并转交经营权之后，也达到了盘活现有固定资本的目的，缓解了财政压力，甚至为新项目的建设筹集到了一定量的资金。

二　风险类别与风险分担的比较分析

项目的风险分担是应用 PPP 模式建设公共基础设施项目时要考虑的重要问题之一。在包括政府部门和私人部门在内的各参与方之间进行风险分担，最主要的原则就是将风险分配给最有可能控制、规避该风险或在风险发生时最有能力承担并解决其带来的不利影响，将损失降到最低的一方。在健全、合理、有效的风险分担机制下，达到对项目各参与方的保护，也为控制项目的实际建设成本提供保障。

BT、BOT 和 TOT 三种模式在风险类别以及风险分担上也具有各自的特点。在 BT 模式中，私人部门没有经营阶段，因此无须承担项目经营中遇到的诸如同行业项目的竞争、收益较差、项目运行受天气影响等经营期内存在的一系列风险。而在 TOT 模式中，政府将前期已经建成并投产的公共基础设施项目的所有权转让给私人部门，投资者只需负责项目的再次经营与运作，所以，不承担项目建设时的投资融资、施工方选择、建设周期超过预期、环境因素等建设风险。BOT 模式与其他两种模式相比，私人部门不仅要对特定公共基础设施项目进行建设，还要在特许期内完成经营来达到获取收益的目的。综合分析，私人投资者承担的风险，无论是就风险的种类、数量还是风险的责任程度来说，都是比较大的。高额的融资成本和现金流量要求投资者必须具有良好的信用和偿债能力，较长的时间周期也意味着在短期内投资者很难实现资金的回收，盈利与否都还处于不确定的、无法预测的状态。但与高风险对应的是较高的投资回报率。在三种 PPP 模式均能成功运营的前提下，BOT 模式势必会带来最大数额的经济利润，这也是其在我国得以发展与应用的主要动力。目前，我国有相当数量的公共基础设施项目应用了 BOT 模式并达到了较好的预期效果。

在私人部门的选择上，BOT 模式集高风险和高收益于一体，更适合经济实力雄厚、融资能力较强、能妥善进行风险应对的私人投资者，包括大银行、大型建筑公司、颇具规模的能源公司等。BT 和 TOT 模式因其较低的风险和较为可观的收益率，除吸引了大型的民营企业外，更让一些金融机构、投资机构、中小型企业等有机会参与到公共基础设施项目的建设中来。

在 BT、BOT、TOT 三种模式下进行风险分担时，首先将风险承担方划分为私人部门和政府部门两大类。BT 模式中，由于私人部门并不负责公共基础设施项目的经营，所以经营中的风险完全由政府承担；TOT 模式中，因私人部门仅从政府手中购买公共基础设施项目的经营权，所以，前期项目建设的风险也相应分配给政府部门；BOT 模式的风险来自项目建设期、项目经营期和项目移交期三个阶段，风险种类最多，风险分担机制最为复杂。结合风险分担的原理，汇总公共基础设施项目的系统风险以及各阶段的风险，得到BT、BOT 和 TOT 三种模式的风险类型、风险分担对比情况，如

表 2 - 1 所示。

表 2 - 1　　BT、BOT、TOT 模式风险类型及风险分担对比

承担方风险类型			BT				BOT				TOT			
			政府部门	私人部门	共同承担	保险方	政府部门	私人部门	共同承担	保险方	政府部门	私人部门	共同承担	保险方
系统风险	政治风险	国内外政局变动风险	√				√						√	
		获准风险		√				√				√		
		政策变革风险			√				√				√	
	法律风险	法律变更风险	√				√				√			
		法律欠缺风险	√				√				√			
		行业规定变化风险												
	金融风险	利率、汇率风险			√				√				√	
		通货膨胀风险												
		货币风险			√				√				√	
	或有风险	自然灾害风险				√				√				√
		环境变化风险				√				√				√
		工厂、设备临时受损风险		√		√		√		√		√		√
建设期风险		筹融资风险		√				√				√		
		劳资、设备获取风险		√				√				√		
		项目设计质量风险		√				√				√		
		项目审批延误风险	√				√				√			
运营期风险		建造技术、工程质量不达标风险	√					√				√		
		工期延误风险	√					√				√		
		建设成本超支风险	√					√				√		
		运营成本过高风险	√					√				√		
		项目养护、维护费用过高风险	√					√				√		
		运营收入不足风险	√					√				√		
		同行业竞争风险	√					√				√		
		经营管理不当风险	√					√				√		

续表

承担方风险类型		BT				BOT				TOT			
		政府部门	私人部门	共同承担	保险方	政府部门	私人部门	共同承担	保险方	政府部门	私人部门	共同承担	保险方
移交期风险	移交期变更风险			√				√				√	
	工程质量风险		√				√				√		
	项目偏离设计风险	√				√				√			
	政府支付能力不足风险		√			√				√			

三　经营权与所有权的比较分析

在三种模式中，私人投资者在不同阶段有着不同限度的项目特许权。在 BT 模式下，私人部门作为项目的投资方，并不拥有所有权，项目一经完成即对政府部门进行交付，政府部门验收合格后，会支付给私人部门一定数量的项目建设资金，以后项目的具体运营不再归私人承建者所负责。这种模式更类似于普通建筑工程的发包—承包模式。政府部门为发包人，私人部门为承包人，承包人在规定期限内对工程进行建设，承担较大的建设风险，并对工程质量做出保证，而发包人则在工程完工后对结果实施组织验收、支付价款、交付使用等工作。BT 模式从其产生到发展，在我国应用情况也十分普遍。例如，1999 年上海黄浦江鲁浦大桥的建设、2002 年吉林市江湾大桥的修筑、2004 年南京九华山隧道项目、2006 年北京地铁奥运支线的承建等。鉴于项目建成后由政府负责经营，私人承包方的投资回报率较低，BT 模式主要适用于非经营性的公益事业（学校、医院）、市政工程（道路、隧道、桥梁、地铁）等公共基础设施项目。

在 BOT 模式下，私人部门虽然不拥有项目的最终所有权，但却在特许经营期（一般是 10—30 年）内，对项目的建造、经营有着绝对的控制权，投资者可以从项目的服务群体中获取收益而不受政府支配。因为风险种类多，项目周期长，融资成本高，所以，要求投资者具有较强的经济实力、良好的私人信用和完备的管理体系。除前文提到的 BOT 模式在我国的应用实例外，国际上 BOT 模式的成功案例更不在少数。考虑到 BOT 模式的风险与收益的内在联系，可以得知应用该模式建成的项目，必然拥有其特定的服务对象和使用群体，收费有基本保证、受法律保护，项目的营利性较好、投资收益率较大，更多地用于高速公路、污水排水处理、电力工程等大型的公共基础设施项目的建设中。

在 TOT 模式下，私人部门直接从政府手中购买已建成公共基础设施项目的所有权，所以，在进行项目的类型的选择时较为自主和灵活。从服务对象收取使用费用以获取收益，回报率可观，不过也承担着运营不佳的风险。但是，因为项目本身是政府财产，所以受政府支持，对政府部门而言，还能缓解财政压力，投资新项目。在第一次项目移交后，投资者在特许期限内即可对项目进行经营，以收回其前期投资并赚取利润。当特许期满之后，私人部门也必须按照合同的约定，将项目的经营权无条件地交还给政府部门，即完成第二次移交。TOT 模式的重点在于满足政府需求，主要为达到政府盘活固定资产、偿清贷款、为新项目融资的目的，因而项目类型大多为关系国计民生的公共基础设施项目，常见的是国防、水利、水电、铁路等。国内的河南新乡电厂项目、三门峡市天然气公司的组建、上海杨浦大桥经营权的转让等，都是应用 TOT 模式进行政府资产盘活的经典案例。

在我国加快公共基础设施项目建设的进程中，PPP 模式已经作为一种必不可少的工具在我国广泛应用，应用技术正在向科学性、成熟性、创新性方向逐步提高。PPP 模式的分类原则也在具体化、特定化。就 PPP 模式的子类别而言，不同的模式有着不同的优缺点与适用范围。针对公共基础设施项目的性质、类别、建设目的、预期效果等的不同，结合多种 PPP 模式的特点，二者综合考虑，更有助于我们选择最佳的项目建设模式，在顺利完成项目建设的同时达到缩短工期、降低成本、提高工程质量、缓解政府财政压力等的良好效果。

第三节 公私合作模式的关键决策问题

一 公私合作项目的特许价格决策研究

特许价格是 PPP 项目招投标的重要参数，其高低将直接影响国民经济是否能健康运行，影响项目参与者能否实现预期的利益，在理论研究和项目实践中，特许价格一直都是令人关注的焦点问题之一。克兰普斯和埃斯特赫（Crampes and Estaehe，1998）指出，公共项目特许经营机制的设计，应该解决好三个关键问题：一是对私人部门获取特许经营权的代价如何衡量；二是合理确定特许价格以保证私人投资者收回投资并获得利润；三是项目公司提供产品和服务的费用收取方式。

特许价格的研究主要包括特许价格的确定和特许价格调整两个方面。基础特许价格是项目公司提供公共产品或服务时执行的初始价格，是在对项目初期的定价要素和风险影响因素进行分析的基础上确定的，该价格应能够同时满足私人投资者的预期收益目标和公共部门期望实现的社会福利目标（Kerf，Gray and Irwin，1998；Malini，1999；Ye and Tiong，2003）。

PPP 项目的特许价格涉及政府部门、私人投资者和社会公众的利益，在各方利益目标不完全一致的情况下，特许价格的确定是二人博弈或者三方博弈的过程，双层规划（Yang and Lam，1996；Yang and Bell，1997；Yang and Woo，2000）或三层规划模型（Ferrari，2004），以及博弈模型（黄园高和周晶，2004；2005）分别被用于确定公私部门间或公私部门和社会公众间均衡的特许价格，以解决这种多方利益冲突的问题。但是，规划定价模型的难点在于求解算法的设计，往往难以保证找到问题的最优解，求解的难度也影响了这些定价方法的应用。而博弈定价模型没能体现项目整个寿命周期内利益方间的风险分担问题（刘伟铭，2004）。

鉴于公共项目特许价格对国民经济的影响，政府部门一定会控制项目产品价格。政府部门一般会选择在竞争性投标中报价最低者中标，并希望项目公司一直以该中标价格提供产品或服务。但在较长的特许期内项目的外部经营环境会发生多种变化，允许项目公司随经营环境的变化适当调整特许价格被认为是合理的做法。很多国外学者从调整频率、调整幅度和调整因素三个方面对特许价格的调整进行研究。1998 年，Kerf 公开的一份世界银行报告对这三个方面进行了详细研究，同时提出了三个特许价格调整的原则，包括风险发生后调整原则、定期调整原则以及指数原则，为后来相关学者的研究打下了基础。定期调整原则主要是确定特许价格的调整周期和调整时间，目前主要有 Wibowo（2005）和赵立（2006）对此进行了研究。Wibowo 假设 Y_m 为价格调整，那么 $Y_m = Y_{m-1} + \lambda D_m$，也就是第 m 次的调整时间应该从第 m－1 次调整的时间 Y_{m-1} 开始，加上双方在特许经营协议中约定的调整周期 λ 和延迟时间 D_m。

另外，左庆乐（1999）认为，特许价格调整频率应该分阶段确认，这样调整特许价格更符合 BOT 项目风险的分阶段预测特征。但是该特许价格调整方法只考虑了通货膨胀风险，没有将项目可能的生产效率变化纳入考虑因素，因此，Ye 和 Tiong（2003）、陈爱国和卢有杰（2006）等认为，利特尔蔡尔德（Littlechild）的 RPI－X 模型更适合作为调整的方法。叶苏东和 Tiong 研究了原材料价格变化风险、需求变化风险和汇率风险等风险因素，认为当风险因素的变化范围没有超出（－a，a）时，则特许价格不需要调整，一旦超出了该范围，则需要根据实际值与期望值的比率和 a 的大小对特许价格进行调整。赵立力、黄庆和谭德庆（2006）的研究则是以利润最大化为目标，在约束价格调整上限和调整次数的基础上，设计出一个限制性特许价格调整模型，计算出 BOT 项目合理的调整幅度和调整时间；但该研究由于仅仅考虑项目的收益目标而忽视了项目的风险，因此具有许多局限性，而且受到能否准确预测需求的影响。

汪文雄和李启明（2010）在总结了 PPP 基础设施项目的价格调整风险因素的基础上，采用神经网络优势互补原理和遗传算法建立了一种特许价格调整模型。杨卫华、戴大双和韩明杰（2008）分析了 BOT 项目中政府承担以及政府和社会资本方应该共同承担的风险，给出了污水处理 BOT 项目特许价格的总价调整和单价调整两种价格调整方法。易振华（2009）认为，水量决定污水处理 BOT 项目现金流，必须在特许经营协议中建立合理的基于进水量变化对污水处理价格的影响机制。文章基于进水量变化的污水处理特许价格调整方法，给出了低于保底水量和高于保底水量的两种特许价格调整公式，为特许价格的调整决策提供了参考。

实务中，一些 PPP 项目的特许经营协议也会根据项目的利益相关者所面临的风险来约定具体的特许价格调整方法。根据我国参与污水处理 BOT 项目的上市公司的年报信息，这些 BOT 项目的特许服务收费价格有的每年进行调整，有的每 2—3 年调整或重新核定一次。

对于采取直接向消费者收取公共服务费的 PPP 项目，特许价格的调整其实是向消费者转移了项目风险，这会影响社会公众的福利，有违前述的风险分担原则，调价的阻力会较大。因此，如霍尔、霍尔特和格雷夫斯（Hall，Holt and Graves，2000）所认为的，PPP 项目的风险分担问题应该是一种在公私部门之间展开的双边关系，Bing 等（2005）也认为，风险应在项目的直接参与者之间进行分配，不应包括最终消费者。因此，PPP 项目的风险分担应该将政府部门和项目公司作为风险分担对象。

二 公私合作项目特许经营期决策问题

特许期作为 PPP 项目协议中的核心条款之一，其科学与否直接影响项目利益相关者的收益和项目的成败。特许期决策问题既是 PPP 项目实践中的争论热点，也是理论研究中亟待解决的重要课题。

就目前我国 PPP 项目的实践情况来看，绝大多数项目采取的是先由政府部门提出确定的特许期限，由私人投资者参与特许价格竞标的方式。Zhang（2009）也指出，香港的 5 个 BOT 隧道项目都是由政府部门事前确定好 30 年的特许经营期。在这种事前由政府部门确定固定特许期的交易模式下，特许期的确定就显得十分重要。

现有的固定特许期决策方法有：（1）财务分析法，李启明和申立银（2000）从政府、投资者和 BOT 项目本身三个角度分析特许期决策的目标性，使用传统的净现值法来构建特许期决策模型。Shen 等（2002）和秦旋（2005）对该模型进行了修正和改进。（2）博弈论法，PPP 项目中存在诸多的利益相关者，政府部门与项目投资者是最重要的两个博弈主体，而特许期决策问题就是两类主体之间的完全信息动态博弈（杨宏伟、何建敏和周晶，2003；高丽峰、张国杰和杜燕，2006；Xing 和 Wu，2001；Shen、Bao 和 Wu，2007）。（3）蒙特卡洛模拟方法，作为风险管理的常用工具之一，被引用到 BOT 项目特许期决策中（宋金波、王东波和宋丹荣，2010）。

在 PPP 项目的建设与运营阶段，特许期作为关键因素之一，其合理性对公私部门间的风险合理分配有重要的影响。不同国家很多 PPP 项目已经开始采取调整特许期的方法来调节项目风险。对特许期的调整，学者们主要从以下两个方面展开研究：一是采取弹性特许期制度；二是在项目运营阶段对特许期进行动态调整。

耶鲁大学的恩格尔、费希尔和盖尔托维克（Engel，Fisher and Galetovic，2001）认为，因交通量预测不准确、项目市场风险高、信息不对称等问题所导致的固定特许期合同存在的缺陷，可以通过弹性特许期合同予以解决，他们建立了特许期决策的 LPVR 模型。但恩格尔等的研究假设所有投标人的建设投资都相同，且其分析过程未考虑经营成本这一影响因素，不符合实际。Nombela 和 de Rus（2004）对 LPVR 模型进一步完善，构建了 LPVNR 模型，该模型以实现社会福利最大化为目标，在交通量需求存在不确定性的条件下，选择最优的项目公司。

弹性特许期方法可以避免契约不完全性引发的再谈判问题。该方法的优点主要是不需要调整特许价格，即不用向消费者转移风险，却实现了大大降低项目公司承担的业务量风险；且特许经营者获得的特许经营收入信息是公开的，减少了政府未来所承受的公众质疑压力。但该模式也存在缺点：

第一，如果业务量风险较大，或经营成本不断升高，可能会出现特许期需要无限延长，投资者始终无法收回投资的情况，无法较好地实现公私合作的目的。

第二，对项目公司提高管理效率缺少有效的激励，因为在弹性特许期制度下，项目公司改善服务提升业务量后，只是加快投资的回收，缩短了特许期，并未增加投资者最终的收益。

宋金波、党伟和孙岩（2013）通过对国外典型项目进行多案例研究，总结出了单一收益约束、多重收益约束和中间谈判三种弹性特许期决策模式，并从决策依据、激励约束作用、特许期长度、风险分担能力和监管难度五个方面对三种弹性特许期模式与固定特许期模式进行对比分析，认为弹性特许期模式在实现项目利益主体间的风险分担与社会公平方面比固定特许期更有优势。但是，弹性特许期模式下需要政府部门及时监控项目的实际收益状况，这比在固定特许期模式下的监管难度要高。因此，该模式只有在完善的收益监管体系和信息披露制度背景下，政府部门能够及时准确地掌握项目收益信息的情况下才具有较强的适用性。

就我国 PPP 项目的实践情况而言，大多数 PPP 公共项目，仍然采取由政府部门根据行业经验提前设定固定的特许期的方式，但当项目经营阶段出现较大风险，严重影响项目预期收益时，再由公私部门进行谈判，采取延长特许期等方式来解决。从山东省的情况来看，在蓝黄两区发展建设的带动下，BOT 融资模式在交通运输、污水处理等公共项目中得到了更广泛的应用。山东省交通运输厅近几年对青兰高速、德商高速、济南至徐州、文登至莱阳等多条高速公路的部分路段采取 BOT 模式。在污水处理领域，济宁高新区污水处理厂、潍坊虞河污水处理厂、河口蓝色经济开发区污水处理厂等多个较大规模的项目也都采取 BOT 融资模式。政府部门就这些项目向投资者发布招标公告时，都采取提前设置固定特许期的方式。

三　公私合作项目中的风险分析和关系管理

学者们对 BOT 项目风险管理相关的研究主要集中在三个方面：识别 PPP 项目的风险因素，评估风险因素对项目成功的影响以及项目的总体风险水平，PPP 项目的风险分担。被广泛用于风险评估的方法或工具包括风险结构分解、模糊逻辑、事件树、蒙特卡洛模拟等。目前，风险分担的研究主要有三种方法：通过案例研究，从中提炼风险分担的一般规律（Abednego and Ogunlana，2006；Ng and Loosemore，2007）；进行问卷调查，分析 PPP 项目风险分担偏好（Bing et al.，2005；Roumboutsos and Anagnostopoulos，2008；Jin and Doloi，2008）；设计风险分担的定量计算模型（Medda，2007）。

PPP 项目风险管理的重要性得到了理论界和实务界的共同关注，风险分担的基本原则是将风险分配给能够以最低的成本控制和管理风险的一方；但能够控制风险的一方却不一定能够以最低的成本来管理风险（Hartman，Snelgrove and Ashrafi，1997；Arndt，1998）。风险分担是一个动态的过程，公私部门要随着外部经营环境和内部经营情况的变化主动制定应对风险的措施，联合应对风险。只有在项目利益相关者认为风险得到合理分担时风险动态管理所期望达到的"双赢"效果才能实现。

研究人员发现，PPP 项目中公私部门间的关系是由契约关系和管理关系的本质决定的（Ysa，2007；Smyth and Edkins，2007）。Wang、Tiong 和 Tong（1999，2000）比较了美国、英国和中国不同类型的 BOT 基础设施的发展，研究了建立"双赢"关系的成功因素。他们的研究旨在获取成功经验，并提供失败项目的教训。最终，通过有效的管理政治风险、外汇风险和收益风险，双方能保持良好的关系。Zhang（2004，2005）运用知识挖掘的方法从国际 PPP 实践中吸取经验和教训，为实现"双赢"关系总结了五大关键成功因素：良好的投资环境、经济活力、有雄厚技术实力的可靠特许经

营者、合理的财务方案和可靠的协议并适当分配风险，其中每一个
成功因素又包括许多成功因子。

从上述总结的 PPP 项目风险管理和公私部门间关系管理的结论
可知，长期合作关系下受多种风险因素的影响，能否实现预期的收
益始终是私人投资者最为关注的因素之一。风险分担的动态性正说
明了合作双方不可能在合同谈判初始阶段掌握所有的风险因素，因
此，往往在合同中增设重新谈判条款以应对发生或然事件时对风险
分担的调整，而这正反映出 PPP 项目协议所具有的不完全契约
属性。

四　公私合作项目的风险分担措施

PPP 项目政府担保是指东道国政府部门为了吸引投资主体投资
于本国公共项目建设，对其在项目投资和运营过程中面临的特许经
营、投资回报和经营环境等方面的风险给予保证的一种政府行为
（高峰、郭菊娥和赵强兵，2007）。从国内外 PPP 项目的实践来看，
政府担保的类型主要有信用担保、政治制度风险担保、金融市场风
险担保、市场风险担保。为了吸引私人投资者投资公共项目，减少
私人投资者的风险，就需要公共部门采取提供政府担保的方式转移
私人投资者可能承担的风险。

政府担保是用来减少或消除那些影响私人部门参与公共基础设
施项目积极性的风险因素的有效途径。迈克尔（Michael，1997）针
对基础设施项目中的商业风险和政策风险，从政府担保的作用、收
益和成本角度，运用实例说明哥伦比亚、菲律宾、印度尼西亚等国
家合理使用政府担保才筹集到大量资金，用于基础设施建设。对于
有重大社会效益的项目，政府应该为其创造良好的政治、法律和经
济环境，Zhang（2005）指出，政府应该对通货膨胀水平、不可抗
力风险、利率或汇率的波动、外币的可兑换性等提供保证。

由上述学者的分析可见，政府担保对 PPP 公共项目能够起很大
的保障作用，这一点对发展中国家可能更为重要。相比较而言，发
展中国家政策变动性较大、市场化程度相对较低、公共项目特许经

营的法律、法规还不太健全、汇率和利率的波动性往往也较大，因此，私人投资者参与公共项目建设与运营的风险较大，政府担保有助于帮助政府吸引社会资金以满足基础设施建设的需求，满足社会公众的需求。

莫顿（Merton，1977）教授在担保定价研究领域开创性地提出了把担保视为一种看跌期权的观点，并运用期权理论计算担保价值。对于期权的定价现行最常用的工具是布莱克—肖尔斯（Black - Scholes）期权定价模型，该模型只涉及较少的变量，而且这些变量的数据或信息易于从金融市场取得。但是政府担保按期权的原理进行定价时，涉及更多的风险因素，而这些风险因素的变动服从不同的分布类型。比如，项目运营阶段公共产品的产量或服务业务量服从几何布朗运动、因物价指数变动导致的公共产品或服务价格调整服从几何分布、市场实际利率服从维纳过程等。而且，各种风险因素的变动还存在着一定的相互影响。这就使政府担保看跌期权的定价成为一个复杂的系统。

国内外学者都致力于应用期权理论对各种不同担保进行定价研究。巴肯、林德塞特和奥尔森（Bakken，Lindset and Olson，2006）研究了投资回报率担保定价问题。琼斯和马森（Jones and Mason，1980）用期权定价的方法计算了政府贷款担保的价值。Cheah 和 Liu（2006）以马来西亚公路项目为例，随机模拟出项目的车流量信息，做出了政府担保的期权定价模型。Wibowo（2004）采用拉丁超立方体随机模拟方法，解决多种风险因素相互影响的问题，对 BOT 基础设施项目中的多种政府担保进行估价，并分析不同政府担保形式对项目风险降低的效果。

高峰、郭菊娥和赵强兵（2007）利用障碍期权构建了政府对项目公司最低收入担保的价值模型。张国兴、郭菊娥和赵强兵（2009）构建了基于跳跃—扩散过程的基础设施融资项目政府担保定价模型，尝试引入泊松分布刻画突发事件对政府担保价值的影响；并通过数值分析得出政府担保价值随着跳跃度、突发事件平均到来率两个泊松运动控制变量的增大而增大，当跳跃度或突发事件平均到来率为零时政府担保变为标准看跌期权。王乐、郭菊娥和孙艳（2008）构建了政府担保多期多执行价格模型，主要考虑政府担保面临的市场风险、通货膨胀风险和政治风险这三方面的风险因素，利用蒙特卡洛模拟和实物期权方法对政府担保成本进行测算。

随着学者们对政府担保定价技术研究的不断深入，各种形式的具有期权性质的政府担保的估价问题得以解决，这有助于增强政府部门的成本意识，帮助政府部门合理做出保证决策。

五　公私合作项目的收益分享措施

国外多位学者（Cheah and Liu，2006；Jun，2010；Ashuri et al.，2012）针对 BOT 经营性公路项目，在最低收入担保（Minimum Revenue Guarantee，MRG）条款的基础上，增加了收入上限条款（Toll Revenue Cap，TRC）。该条款体现了政府对项目超额收益的要求权，当项目运营收入超过双方规定的上限时，超额部分的收入归公共部门享有，或者超额部分由公私部门按一定比例进行分配。随着研究的深入，在 Ashuri 等（2012）的收入上限条款中，需要确定两个变量：一个是收入上限标准；另一个是超过上限标准后公私部门对超额收入的分享比例。MRG 的看跌期权属性和 TRC 的看涨期权特点，使两者的组合构成一种复合期权，几位学者采用期权定价理论、结合国外的实际案例分析了该复合期权的定价问题，以及该组合条款的不同取值对项目收益的影响，证明了 MRG 和 TRC 组合条款实现风险共担、收益分享的效果。TRC 条款降低了政府部门因承诺最低收入担保而负担的潜在成本，而且最低收入门槛越高，收入上限门槛越低，政府部门的成本越小分享的收益越多；反之，特许经营者得到的保障越好，获得的收益也越高。

学者们还研究了另一种超额收益分享的方法，即征收特许权费。台湾地区高速公路项目的 BOT 协议中设置了政府部门征收特许权费的相关条款。Chiou 和 Lan（2006）以最大化公共部门特许权费的总贴现值为目标，同时满足私人投资者权益报酬率和债务清偿率的要求，分析了三种确定型和九种模糊的特许权费模型，并建议政府部门采取两阶段或递增的多阶段特许权收费方式。Kang、Feng 和 Kuo（2010，2011，2012）指出，在 BOT 特许经营合同中，特许权费模型是一种收入分享和风险共担的政策。政府通过参与 BOT 项目的投资与项目的其他利益相关方分担项目风险，再依靠特许权费收入回收其在 BOT 项目中的投资。他们用数学规划和贴现现金流的方法建立了 BOT 项目的特许权费模型，从政府和私人部门角度分别进行分析。Kang、Feng 和 Kuo（2012）在 BOT 项目中提出了三种特许权费征收模式，即基于业务量征收、基于经营收入征收和定额征收，以政府部门财务回收率指标和特许经营者的获利指数指标构建双层规划模型，通过公私部门间的博弈对模型求解和结果分析，得出基于经营收入的特许权费征收模型对政府部门而言更有利。

目前，国内 PPP 项目实务中没有公私部门收益分享的相关机制，这与发展中国家急于吸引私人投资者参与公共项目投资的鼓励政策有关。但是，实务中一些 PPP 公共项目（如高速公路项目）确实使私人投资者获得了超额的回报，影响了社会福利，研究对收益性较好的经营性公共项目建立收益分享机制成为现实需求。

本章小结

本章首先介绍了 PPP 项目的业务实质，指出 PPP 模式本质上是公私部门间建立的契约关系，它旨在通过发挥公共部门和私人部门的优势来共同承担项目风险并分享收益，以达成社会总体目标和私营个体利益间的完美平衡。就 PPP 项目的经济实质而言，项目资产的所有权最终归公共部门所有，但是，在特许期内，私人投资者拥有项目资产的控制权。私人投资者具有建设、管理和运营项目资产的先进技术，通过经营项目为自己获取预期投资收益的同时，提供高质量的公共产品或服务实现让公众满意的社会福利。

然后，针对 PPP 模式衍生出的 BT、BOT 和 TOT 等子类别，从模式结构、风险类别与风险分担、公共项目经营权与所有权三个角度进行异同点的对比分析。结合不同公共项目具体特点和服务需求，通过分析不同子类别的优缺点和适用范围，有助于政府部门选择最佳 PPP 动作模式。

最后，围绕理论界和实务中对 PPP 融资的研究热点问题进行文献总结，PPP 融资的研究热点主要集中在会影响项目参与主体利益的关键因素上，这些关键影响因素主要是特许价格、特许期以及项目的风险管理和收益分配问题等。

对特许价格的研究主要包括特许价格的确定和特许价格调整两个方面。PPP 项目的特许价格涉及政府部门、私人投资者和社会公众的利益，在各方利益目标不完全一致的情况下，特许价格的确定是二人博弈或者三方博弈的过程，均衡的特许价格可以解决这种多方利益冲突的问题。由于在较长的特许期内项目的外部经营环境会发生多种变化，允许项目公司随经营环境的变化适当调整特许价格被认为是合理的做法。但也有学者指出，PPP 项目的风险分担问题应该是一种在公私部门之间展开的双边关系，不应包括最终消费者。因此，对于采取直接向消费者收取公共服务费的 PPP 项目，特许价格的调整其实是向消费者转移了项目风险，这会影响社会公众的福利，调价的阻力会较大。

特许经营期决策的合理与否直接影响到项目利益相关者的收益和项目的成败。特许期决策的早期研究文献提出应考虑 PPP 项目的经济寿命期来确定特许经营期，但后续的研究文献少有涉及。就目前我国 PPP 项目的实践情况来看，绝大多数项目采取的是先由政府部门提出确定的特许期限，由私人投资者参与特许价格竞标的方式。现有的固定特许期决策方法主要有财务分析法、博弈论法和蒙特卡洛模拟方法。由于受复杂的经营环境和风险因素的影响，不同国家很多 PPP 项目已经开始采取调整特许期的方法来调节项目风险。尽管学者们从理论上证明了弹性特许期方法是契约不完全性引发的再谈判的解决方案，但该方法存在的固有缺陷使其在实务中并未得到广泛应用。因此，像我国这样还缺少 PPP 项目管理经验的发展中国家，再加上 PPP 项目的管理机构和政策框架尚不健全，采取固定特许期交易模式可操作性会更强，更能满足我国当前对 PPP 融资模式的推广应用。

风险因素伴随 PPP 项目的全过程，PPP 项目风险管理的重要性得到了理论界和实务界的共同关注。学者们主要采用案例研究、问卷调查和定量模型等方法从识别项目风险因素、评估项目风险水平和分配风险承担责任等方面研究 PPP 项目的风险管理问题。风险分担是一个动态的过程，公私部门要随着外部经营环境和内部经营情况的变化主动制定应对风险的措施，联合应对风险。只有在项目利益相关者认为风险得到合理分担时风险动态管理所期望达到的"双赢"效果才能实现，公私部门间的契约关系才能持续稳定，契约效率才能提高。

政府担保是一种常见的方法，被广泛应用于 PPP 协议以转移特许经营者所承担的多种风险，其成本估价问题引起了国内外学者的重视并得到较多研究。考虑到风险的双面性，学者们在市场风险类政府担保的基础上进一步增加了收益分享条款，并采用期权估价的原理证实了两者的结合能减少政府部门承担的担保责任，降低政府部门的财政风险。学者们近期的研究只是证明了最低收入保证与收入分享条款结合对保证项目收益合理性的作用和效果，却少有文献对如何确定最低收入保证和收入分享条款的取值范围做出研究。

第三章 我国公私合作项目的交易结构及存在的问题

第一节 我国不同行业公私合作项目交易结构对比分析

PPP 融资在我国多个基础设施领域被推广应用。本章以污水处理、垃圾处理、收费公路和轨道交通四个行业的 PPP 项目为分析对象，比较各类项目的交易结构和盈利模式，通过文献收集和查阅上市公司财务报表资料，分析为保障经营者能够获得预期的经营收益，不同行业的 PPP 项目都采取了哪些有效的利益协调措施，以便为 PPP 模式在我国的推广应用提供决策参考。

一 实施公私合作模式的各行业所处发展阶段的区别

我国污水处理行业的公私合作投资市场处于成长期的后端，正向成熟期发展，行业内仍存在着一定的投资获利机会，但由于众多投资主体的参与，使项目的投资竞争非常激烈。模式投资主体包括国际超大型水务企业如威立雅、中法水务等，境外专业的水务环保企业如凯发集团、亚洲环保控股等，国内大型水务投资商如天津创业环保、首创股份、中环保、桑德集团等，以及大量的国内民营企业。相较于污水处理行业的激烈竞争局面，垃圾处理行业还处于成长期的初期阶段，激烈的竞争刚刚开始。

我国的收费公路行业已经进入了发展的成熟期，自 2010 年那一轮建设浪潮结束后，该行业的增长将趋于稳定甚至萎缩。随着路上交通状况的日益恶化，我国现在的很多城市都在开发地下交通项目。一方面是对城市轨道交通项目的强劲需求；另一方面是政府财政资金的紧缺，这为私营资本的进入提供了机会。但是，地铁项目的经营成本非常高，项目本身的经营很难实现盈利，几乎所有的地铁公司都需要借助于政府的财政补贴才能改变亏损状态，得以持续经营。

因各行业所处的发展阶段不同，市场的竞争程度不同，使 PPP 模式给投资主体带来收益的能力产生不同的影响。项目的投资主体为了保证预期的盈利，需要采取不同的交易结构和收入实现方式。

二　各行业公私合作项目盈利模式的差异分析

（一）污水处理公私合作项目的盈利模式

我国当前私人投资主体投资污水处理项目普遍采取 BOT、TOT 或 TOT + BOT（扩建）模式。政府部门通过招标确定污水处理服务的提供者，并与中标者签订特许经营协议，项目公司获得项目的特许经营权，负责项目建设和运营，政府部门通过专门的收费制度保障，从社会公众的自来水费中捆绑征收污水处理费，再将其支付给项目公司，具体交易结构如图 3 - 1 所示。

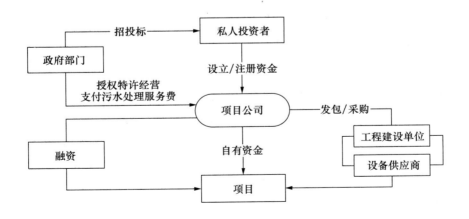

图 3 - 1　污水处理公私合作项目交易结构

DBO 模式是一种国际通行的将设计、施工和运营一体化项目建设模式，是支撑污水处理服务专业化的典型模式，在国际污水处理领域有广泛的应用，但目前我国的污水处理领域却应用较少。就我国污水处理行业普遍采用的 BOT 模式和 TOT 模式而言，其盈利模式是通过向政府部门提供污水处理服务获得污水处理服务费补偿。项目利润等于污水处理费收入减去项目公司的经营成本和设备折旧等费用。该类项目经营过程中，动力费用占经营成本的30%左右，设备的折旧费占经营成本的30%—40%，这两项是经营成本中所占比重最大的内容，因此，有效控制这两项费用是污水处理项目获利的关键。另外，如果能借鉴 DBO 模式，则项目的工程建设利润对私人投资者而言也很具有吸引力。

私人投资者通过谈判或招标等方式取得项目特许经营权时，也确定了其从政府部门获得的污水处理服务费标准，而居民随着自来水费用缴纳的污水处理费收入归政府所有，居民缴纳的污水处理费的提高增强了政府的支付能力，但并不能直接提高项目投资主体的收益水平。在特许价格一定的情况下，项目公司的收入主要受到业务量波动的影响，这是影响其收益的关键风险因素之一。

（二）垃圾处理公私合作项目的盈利模式

私人投资者参与垃圾处理项目投资的交易结构与污水处理 BOT 项目非常相似。项目公司的主要收入来源也是为公众和政府提供垃圾处理服务后，从政府部门收取垃圾处理补贴费。因此影响垃圾处理 BOT 项目收益的关键风险因素与污水处理 BOT 项目相类似，也主要是业务量波动和经营成本的控制情况。

但其与污水处理项目不同之处在于，项目的收入来源除有服务费收入外，如果是垃圾焚烧发电 BOT 项目，将由就近的电网企业收购全部上网电量，项目公司则可以取得比较优惠的电价收入。因此，该类 BOT 项目的交易结构和盈利模式如图 3-2 所示。

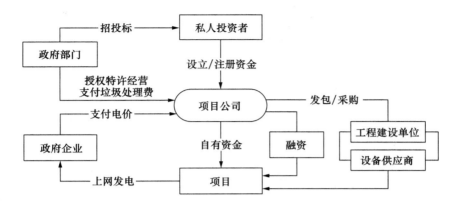

图 3 - 2　垃圾处理公私合作项目交易结构

（三）收费公路公私合作项目的盈利模式

私人投资者参与收费公路项目普遍采取 BOT 模式。政府部门通过招标方式确定收费公路项目的私人投资者，投资方式通常有两种：一种是在确定的特许经营期内，以特许经营价格来投标，价低者中标；另一种是在规定的特许价格约束下，以较短的特许期投标者中标。政府部门与中标者签订特许经营协议，由投资人出资设立项目公司，以项目公司的名义再以贷款等方式融通部分资金进行项目投资，以项目收益作为偿还贷款的保障。项目公司负责公路项目的建设和运营养护，并将在特许期内取得公路的收费权作为公司回报。因此，项目公司的收益主要取决于车流量大小、平均收费价格和特许经营期限长短。该类项目的交易结构如图 3 - 3 所示。

（四）城市轨道交通公私合作项目的盈利模式

轨道交通项目巨大的建设投资对大多数企业而言也是难以承担的，因此私营资本参与地铁项目投资往往采取与公共部门共同投资的公私合作模式。另外，轨道交通项目的经营成本非常高，项目本身的经营很难实现盈利，几乎所有的地铁公司都需要借助于政府的财政补贴才能改变亏损状态，得以持续经营。该类项目的交易结构如图 3 - 4 所示。

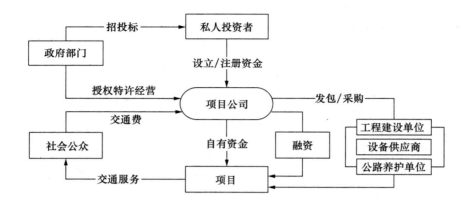

图 3 – 3　收费公路公私合作项目交易结构

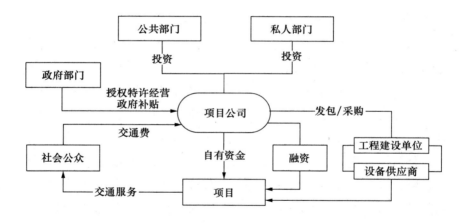

图 3 – 4　轨道交通公私合作项目交易结构

三　公私合作项目的收益保障措施分析

（一）最低业务量担保和特许价格的调整

污水处理和垃圾处理类 PPP 项目的盈利模式比较相似，从政府部门获得服务费是项目公司运营期间的收入来源，特许价格和业务量水平是决定项目整体收益水平的关键因素，因此，项目收益的保障措施主要体现为对这两个因素的调整。

以我国从事污水处理 BOT 业务或 TOT 业务的上市公司为对象，

对其最近年份的财务报告进行分析后发现：考虑到物价波动的因素，多家上市公司的污水处理项目协议中都规定有对政府部门应支付的污水处理服务费定期进行价格调整的机制。此外，针对污水处理量不足的风险，多个项目的协议中规定有最低业务量担保条款。污水处理 PPP 项目协议中达成的这些约定为私人投资者实现预期收益提供了保障。有 4 家上市公司拥有的 BOT 污水处理项目都通过含有保底水量约定和水价调整约定的特许经营合同锁定最低收益，但各家公司的具体条款各不相同。

（1）国中水务：污水处理服务费自运营日起前两年保持不变，从第三年开始按年度进行调整。

（2）重庆水务：污水处理服务费每三年核定一次；其保底水量为设计污水处理量的 60%。

（3）兴蓉投资：污水处理服务费每两年调整一次；其保底水量为基本水量的 100%，但实际水量超过基本水量时，超过基本水量的污水处理量，按当期污水处理价格的 60% 计算。

（4）力合股份：以 2012 年污水处理费基准价作为调价的基础，以每年 3.3% 的固定涨幅进行调价，适用期为十年；其保底水量为设计处理量的 95%。

（二）实施多元化经营战略

由于 PPP 项目的公共性特征，有些类别的项目仅靠特许期内项目的经营收入难以保障投资者的获利性要求。收费公路 PPP 项目结合该行业的特点，为提高投资报酬率普遍实施多元化经营战略。国内的很多高速公路股份制公司都发展成为既建设经营高速公路项目，又开发公路沿线房地产项目，再或者投资物流商贸、传媒领域的多元化经营企业。从我国路桥类上市公司近几年来财务报告披露的信息显示，金融业、房地产业和物流业等是路桥上市公司多元化战略的主要选择。这些相关领域的多元化经营不仅给公司带来额外的经营收益，还会产生辐射效应带动公路车辆通行费收入的增长，实现良性循环。

　　污水处理类 PPP 项目也可以采取多元化的营利方式。DBO 模式是一种国际通行的将设计、施工和运营一体化项目建设模式，是支撑污水处理服务专业化的典型模式，在国际污水处理领域有广泛的应用，但目前我国的污水处理领域却应用较少。如果能借鉴 DBO 模式，则项目的工程建设利润对私人投资者而言也很具有吸引力。

（三）多效并举的组合措施

　　轨道交通 PPP 项目具有投资大、成本高、盈利难的特点，但香港地铁却能实现盈利，其盈利模式具有一定的特殊性。香港地铁公司的收入来源包括交通费收入、车站内的其他业务收入和物业收入，其中交通费收入一项占其经营总收入的比例达到 80%。中国香港地区人口密集，客流量有足够的保障，且香港的地铁票价也在亚洲地区最高；而且，就交通费收入而言，中国香港特区政府规定，地铁项目"以审慎的商业原则运作"，且政府承诺以支付补贴的方式，保证地铁公司实现 15% 的利润。这一最低收益率的保证使地铁公司可以从主营业务中获得稳定的收入来源，并实现主营业务稳定的盈利（杨文武、刘正光和毛儒，2008）。

　　北京地铁 4 号线是国内轨道交通领域的第一个 PPP 项目，该项目成功实施的意义体现为，引进了先进的港铁运营管理经验，推进形成适度的市场机制，减少政府投资，降低了投资管理风险（唐兴霖和周军，2009）。其具体运作模式为：首先将把项目分成营利性部分和非营利性部分，营利性部分需要投资约 50 亿元，占总投资的 30%，对营利性部分采用市场化融资方式，吸引私人投资者的参与，授权其特许经营。非营利性部分的投资与建设由基础设施公司负责，具体包括征地拆迁、地铁车站、车辆段、洞体和停车场等土建工程、轨道工程、人防工程等，约 107 亿元，占总投资的 70%，这部分资产一部分以使用权的方式作为基础设施公司对项目公司的出资，另一部分需要项目公司采取租赁的方式使用。

　　公私合营的项目公司注册资本约 15 亿元人民币，由北京市基础设施投资有限公司（简称基础设施公司）、香港地铁公司和北京首都创业集团有限公司（简称首创集团）合作成立，三位投资主体在项目公司的出资比例分别为2%、49%和49%。项目建设所需剩余资金将采用无追索权的银行贷款的方式筹集（李静华和李启明，2007）。该项目的交易结构如图3−5所示。

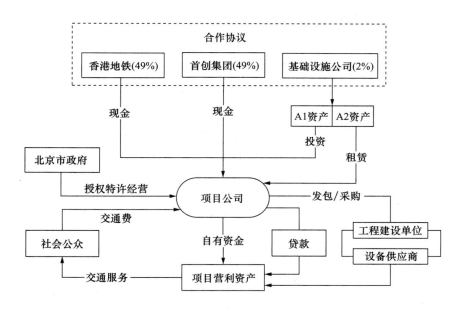

图3−5　北京地铁4号线项目交易结构

因地铁项目公益性较强，尽管项目公司提供服务后收到乘客支付的交通服务费，但该收入不足以弥补轨道交通的建设和经营成本。为此，北京市政府采取政府保证的方式承担了相应的责任，保证其实现合理的经营利润。具体保证措施如下：

第一，针对价格因素，北京地铁4号线的运营票价由政府实施定价管理，其起始票价和调价机制由市政府有关部门规定，调价机制主要考虑北京市的消费价格指数、在岗职工平均工资的增长幅度等因素来确定。项目运营期间，若实际执行的政府定价低于上述调价机制确定的票价，政府部门需要向项目公司进行补偿。这种票价政策的目的是既要考虑到公众的承受能力，又要保证私营投资者的利益。

第二，针对客流量因素，若实际客流低于预测客流一定比例时，政府将对项目公司应支付的使用非营利资产部分的租金实施减免；若因为实际客流低于一定比例的约定客流导致项目公司出现连续三年亏损的情况时，北京市政府将以协商的方式对项目公司进行补贴。

第三，政府的接管责任，如果针对亏损情况就补贴问题进行协商时，在两年内无法达成一致意见，只要项目公司提出要求，政府有义务收购私人投资者在项目公司的股权，以承担接管责任。

第四，其他商业性补偿，北京市政府提供税收优惠政策，并就地铁沿线的土地开发的某些权益向私人投资者提供优惠政策，以增强项目在营利性方面的吸引力。

第二节　我国公私合作项目资产管理的信息披露质量

由于 PPP 项目建设与运营过程中存在着很多的不确定性，导致各类 PPP 项目存在着契约不完全性特征，经营阶段公私部门间往往需要借助于项目收益情况、项目资产的管理情况等信息的反馈对初始契约条款进行再谈判和重新决策。由于特许经营模式下存在着信息的不对称，作为项目最终所有者的公共部门在获取 PPP 项目真实的经营信息方面存在一定难度，这容易造成公私部门间风险和收益分配的不公平。本节以收费路桥类 BOT 项目为对象，从我国路桥经营类上市公司公开披露的年度财务报告中获取的相关信息，对 PPP 项目资产管理的现状、信息披露质量及其中存在的问题进行总结。

一　路桥类 BOT 项目资产信息披露中存在的问题

（一）上市公司对 BOT 项目资产属性的错报现象严重

截至目前，我国共有路桥类上市公司 19 家，其中 6 家在深圳证券交易所上市，9 家在上海证券交易所上市，4 家在香港联合交易所和上海证券交易所两地上市。受《公路经营企业会计制度》相关规定的影响，在《解释第 2 号》出台之前，所有的路桥类上市公司都将 BOT 高速公路项目资产确定为固定资产。《解释第 2 号》出台之后，有 7 家上市公司当年对 BOT 项目资产的确认进行了会计政策变更，而中原高速则是在 2011 年进行了变更。其他 11 家上市公司目前仍然将 BOT 项目资产确认为固定资产，这与我国的会计规范严重不符。对这一问题，11 家上市公司的审计报告中均未进行解释和说明。在 11 家没有进行会计政策变更的上市公司中，湖南投资和现代投资这两家上市公司对以不同方式取得的特许经营权采取了不同的资产属性分类。它们把 BOT 模式取得的公路经营权确认为固定资产，而把通过收购方式从政府部门取得的已建成的公路经营权确认为无形资产。

19 家路桥类上市公司对 BOT 项目资产会计确认情况如表 3 - 1 所示。路桥类上市公司对 BOT 项目资产属性的错报说明了路桥类公司对 BOT 业务实质存在理解上的偏差。

表 3 - 1　路桥类上市公司对 BOT 项目资产会计确认情况统计

序号	公司名称	资产确认		后续计量
		总账	明细	
1	600377 宁沪高速（A + H）	无形资产	收费公路经营权	工作量法，无残值
2	601107 四川成渝（A + H）	无形资产	高速公路经营权	工作量法，无残值
3	600548 深高速（A + H）	无形资产	特许经营无形资产	工作量法，无残值

续表

序号	公司名称	资产确认		后续计量
		总账	明细	
4	600020 中原高速	无形资产	特许经营权	工作量法，无残值
5	600012 皖通高速（A＋H）	无形资产	收费公路特许经营权	直线法，无残值
6	600350 山东高速	无形资产	收费公路特许经营权	直线法，无残值
7	600106 重庆路桥	无形资产	公路经营权	直线法，无残值
8	000886 海南高速	无形资产	高速公路综合补偿收益权	直线法，无残值
9	000548 湖南投资	固定资产	公路及桥梁（BOT）*	直线法，无残值
		无形资产	公路、桥梁收费权（TOT）	直线法，无残值
10	000900 现代投资	固定资产	公路及构筑物（BOT）	直线法，无残值
		无形资产	公路收费经营权（TOT）	直线法，无残值
11	000916 华北高速	固定资产	公路及构筑物	直线法，无残值
12	600035 楚天高速	固定资产	公路及构筑物	工作量法，无残值
13	000828 东莞控股	固定资产	高速公路	工作量法，无残值
14	000429 粤高速 A	固定资产	公路及桥梁	工作量法，无残值
15	600033 福建高速	固定资产	高速公路	工作量法，无残值
16	600269 赣粤高速	固定资产	公路、公路大修	工作量法，无残值
17	600368 五洲交通	固定资产	公路	工作量法，无残值
18	601188 龙江交通	固定资产	公路建筑物	工作量法，无残值
19	601518 吉林高速	固定资产	公路及构筑物	工作量法，无残值

注：括号里的标注表示特许经营权取得方式的不同。TOT 是指通过收购取得特许经营权。

（二）特许经营权所依托资产的范围界定不清

上市公司利用特许经营权实现收益是靠运营其所依托的项目资产。高速公路收费权所依托的项目资产，主要包括在特许经营期届满后，需要无偿移交给政府主管部门的实物资产（通常包括公路及构筑物、安全设施以及与公路正常使用有关的通信设施与监控设施），需要拆除的收费站等建筑物，以及涉及的土地使用权。但是我国《收费公路管理条例》中并没有明确在收费期满时需要移交的实物资产的具体内容。由于缺乏统一的范围界定，不同上市公司在确认特许经营权资产的成本所涵盖的内容时出现差异。有的上市公司将收费设施、安全设施、通信设施、监控设施等作为特许经营资产的组成部分确认为固定资产或无形资产，而有的上市公司将这些实物资产单独列示。在分析这一现象时，可暂时忽略上市公司对BOT项目资产属性的分类错误，因为即便是将特许经营资产错误分类为固定资产的上市公司，也存在着上述问题。

根据上市公司对外公开的财务信息，对BOT项目所依托资产的分类情况进行汇总得到表3－2。从表3－2中可以看出，19家路桥类上市公司中，将收费设施、安全设施、通信设施、监控设施等作为固定资产的明细项目与特许经营资产（无论是确认为无形资产还是固定资产）分开列示的有7家：宁沪高速、四川成渝、中原高速、皖通高速、山东高速、华北高速、楚天高速。其中前5家，将特许经营权确认为无形资产，但将收费设施、安全设施、通信设施、监控设施等作为固定资产；后2家将特许经营权所依托的实物资产都确认为固定资产，但区分为不同的明细项目。其余12家上市公司将这些实物资产一并计入特许经营权资产（固定资产或无形资产）的成本。特许经营权资产成本范围的不一致严重影响了财务信息的可比性。

上述上市公司对特许经营权依托的部分资产分开确认的思路是正确的，原因在于不同实物资产的寿命期不同，如果都归为一项资产确认，后续期间资产价值的摊销不符合配比原则，不能满足部分实物资产的更新需要。固定资产准则中也明确要求，"固定资产的各组成部分具有不同使用寿命或者以不同方式为企业提供经济利益，适用不同折旧率或折旧方法的，应当分别将各组成部分确认为单项固定资产。"

表 3 - 2　　　　　　　BOT 项目所依托资产列报情况统计

公司名称	一级账户	明细账户	折旧年限	折旧方法	残值率
1. 宁沪高速	无形资产	收费公路经营权	特许期	工作量法	无残值
	无形资产	土地使用权	特许期	直线法	无残值
	固定资产	收费站及附属设施	8 年	直线法	3%
		安全设施	10 年		
		通信及监控设施	10 年		
2. 四川成渝	无形资产	高速公路经营权	特许期	工作量法	无残值
	无形资产	土地使用权	特许期	直线法	无残值
	固定资产	收费设施	8 年	直线法	3%
		安全监控设备	10 年		
		通信设施	10 年		
3. 中原高速	无形资产	特许经营权	特许期	工作量法	无残值
	无形资产	土地使用权	特许期	直线法	无残值
	固定资产	收费设施	5—8 年	直线法	5%
		监控设施	5—10 年		
		安全设施	3—15 年		
		通信设施	5—15 年		
4. 皖通高速	无形资产	收费公路特许经营权（含土地使用权）	特许期	直线法	无残值
	固定资产	收费设施	7 年	直线法	3%
		安全设施	10 年		
		通信及监控设施	10 年		
5. 山东高速	无形资产	收费公路特许经营权（含土地使用权）	特许期	直线法	无残值
	固定资产	安全设施	7—30 年	直线法	3%—5%
6. 深高速	无形资产	特许经营无形资产（含土地使用权）	特许期	工作量法	无残值
7. 华北高速	固定资产	公路及构筑物	特许期	直线法	无残值
		收费设施	8—20 年	直线法	5%
		监控设施	10 年		
		通信设施	20 年		

续表

公司名称	一级账户	明细账户	折旧年限	折旧方法	残值率
8. 楚天高速	固定资产	公路及构筑物	特许期	工作量法	无残值
		收费设施	8 年	直线法	5%
		安全设施	8—20 年		
9. 东莞控股	固定资产	高速公路	特许期	工作量法	无残值
	无形资产	土地使用权	特许期	直线法	无残值

特许经营权所依托的另一项重要资产是土地使用权。目前路桥类上市公司在 BOT 项目中的土地使用权主要有购入和租赁两种取得方式。在租赁情况下，有的公司分期支付租金，有的一次性全额支付。从表 3-2 中可知，采取购入土地使用权的公司中，宁沪高速、四川成渝、中原高速、东莞控股将特许经营权资产所占用的土地使用权单独作为无形资产列报，并对特许经营权和土地使用权分别采用工作量法和直线法进行摊销。皖通高速、山东高速和深高速 3 家公司则将取得的土地使用权与特许权资产合并确认为无形资产项目。

由于通常情况下，路桥资产的特许经营期与其所购入的土地使用权的期限往往一致，将两者合并确认有一定的合理性。但笔者认为，即使期限相同，土地使用权单独确认更为合理。因为分开确认，企业可以根据土地使用权与特许经营权给企业带来经济利益的实现方式不同，选择不同的摊销方法，这会对公司的业绩产生较大影响。另外，在特许权协议中规定采取可调整的弹性特许期的情况下，如果因为经营的不确定性导致经营方无法实现预期的合理收益，政府部门可能会采取延长特许经营期的措施，这会造成特许经营权与土地使用权期限不一致的情况，分开确认才好解决这一问题。延长后的特许经营权需要在做出期限调整的时点，对未来摊销期限做出会计估计变更；而对延长期限内的土地使用权经营方往往需要支付额外的使用费。因此,原购入的土地使用权的摊销期限不需要做出调整,新支付的使用权费在延长后的期限内摊销即可。

（三）BOT 项目资产的后续计量有差异

对 BOT 项目资产的确认差异,和特许经营权所依托项目资产范围界定的不一致,导致不同上市公司对 BOT 项目资产进行后续计量时,采取了不同的折旧或摊销方法,并对同类实物资产的使用寿命期及残值率做出了不同的会计估计。这严重影响了公司间会计信息的可比性。

表 3 - 1 中汇总的将 BOT 项目资产确认为无形资产的 8 家公司中,宁沪高速、四川成渝、中原高速和深高速 4 家公司对无形资产采用工作量法进行摊销,其余 4 家采用直线法摊销;而将 BOT 项目资产确认为固定资产的 11 家上市公司中,除华北高速、湖南投资和现代投资 3 家公司采用直线法折旧外,其余 8 家公司均采用工作量法。从表 3 - 2 汇总的信息来看,将土地使用权与特许经营权两者合并确认的皖通高速、山东高速和深高速 3 家公司,在后续期间内土地使用权与特许权资产采取了相同的摊销方法。但皖通高速和山东高速采取直线法摊销,深高速采取工作量法。在交通量年度波动较大的情况下,直线法和工作量法会造成利润产生较大的差异,进而导致会计信息的不可比。

所有上市公司无论是将特许经营资产确认为固定资产还是无形资产,均将其期满残值估计为零。将收费设施、安全设施、通信设施、监控设施等单独确认为固定资产的 7 家公司,对这些相关设施均采取直线法折旧,但对同类设施却估计出 3% 或 5% 不等的残值率。与将所依托实物资产合并计入特许经营权无形资产且期满无残值的公司相比,这 7 家公司相关设施的残值部分不能起到抵税的作用,将对公司的经营业绩产生不利影响。

除此之外,这 7 家公司对同类实物资产估计的折旧期限也存在较大差异,比如各公司间收费设施的折旧期限差异在 5—20 年。

二　结合业务特点，正确披露公私合作项目的财务信息

（一）公私合作项目资产应根据属性分类进行会计确认

我国的《解释第 2 号》规定，如果在合同规定基础设施建成后的特许经营期内，项目公司可以无条件地自政府部门收取确定金额的货币资金或其他金融资产的，应将特许经营权确认为金融资产；如果在合同中规定，项目公司在特许期内有权向获取服务的对象收取费用，但收费金额不确定的，特许经营权应当确认为无形资产。

鉴于公共项目经营过程中存在较大的不确定性，政府部门通常会采取一些政府担保措施，以转移私营投资者承担的经营风险。因此，在具体的 PPP 项目协议中，项目公司收入的实现方式会比以上两种情况更为复杂，需要会计人员在确定 PPP 项目资产属性时，根据项目中政府担保类型的不同进行职业判断：

（1）当政府担保为最低运营收入担保（即项目公司提供经营服务的收费低于最低运营收入担保时，政府部门负责将有关差价补偿给项目公司）时，项目公司未来的收入现金流由两部分组成：确定的最低运营收入和不确定的额外通行费收入。《解释第 2 号》只是对项目公司可以收取的确定金额部分确认为金融资产有明确的规定。因此，应将特许经营权分开确认，最低运营收入担保部分确认为长期应收款；而项目公司可能收到的超出最低运营收入部分的通行费收入，应属于或有资产。这部分收入金额具有较大的不确定性，存在估值困难，根据谨慎性原则在项目完工投入使用时不应在报表中确认为资产，应在报表附注中对这种或有资产进行披露。

（2）当政府担保为弹性特许经营期时，由于项目公司在特许期内向获取服务的对象收取的通行费用存在较大的不确定性，有些特许经营协议中规定，若特许经营方无法收回投资并获得预期的收益时，可以通过再谈判适当延长特许经营期。对于这种情况，在弹性特许经营期内，项目公司的收入现金流难以可靠计量，笔者认为，根据 IFRIC12 和我国《解释第 2 号》的精神，应该将收费经营权作为无形资产来确认。

（二）根据公私合作项目依托的资产合理确定成本计量范围

根据我国《解释第 2 号》的规定，项目公司应当在建造服务完成，确认建造合同收入的同时将 PPP 项目资产确认为金融资产或无形资产，资产的计价按照收取或应收对价的公允价值计量。笔者认为，在具体会计实务中还应根据两种不同的资产属性，遵循金融资产准则和无形资产准则的相关规定。

如果是将特许经营权确认为金融资产，则金融资产的初始计量金额应该是未来在特许期内应收取的货币资金或其他金融资产之和，同时还要确定实际利率，用于后续期间计算金融资产的摊余成本和融资收益。需要注意的是，金融资产代表的收款权利不仅要补偿 PPP 项目的建造成本和未来经营成本，还包括应获得的建造服务的利润和后续经营活动的利润。

如果是将特许经营权确认为无形资产，则无形资产的初始计量金额应该是建造合同收入的公允价值，它包括 PPP 项目资产完工之前所发生的建造成本和提供建造服务的合理利润，涉及借款的，还应包括资本化的借款利息。其中建造成本部分，笔者认为，应该参照授权方和经营方具体签订的特许权协议，将特许期满时需要无偿移交给政府相关部门的实物资产和需要拆除的建筑物的成本也计入特许经营权的价值。目前，将特许经营权确认为无形资产的上市公司中，宁沪高速、四川成渝、皖通高速、山东高速将 PPP 业务所依托的部分实物资产与特许经营无形资产分开，放到固定资产中核算的方法并不合适。

（三）根据可比性要求统一公私合作项目资产的后续计量

除上面分析的路桥类上市公司对 BOT 项目资产采取不同的折旧或摊销方法，对同类资产估计不同的折旧年限和残值率的情况外，皖通高速（A＋H）从 2008 年变更会计政策，将特许经营权作为无形资产核算后，在内地资本市场遵照内地企业会计准则披露的信息中收费公路特许经营权采取直线法进行摊销，而在香港资本市场遵照香港财务报告准则采取的是车流量法。这严重影响了 BOT 业务会计信息披露的可比性。

笔者认为，凡是特许经营合同中列明的在特许期末需要移交给政府部门的资产项目，符合无形资产确认条件，并根据其不同的使用寿命分别确认为不同明细项目后，后续期间采用工作量法——车流量法进行摊销能够较好地反映与该项无形资产有关的经济利益的预期实现方式。如果 BOT 项目资产在特许经营期末需要无偿交付给政府部门，相关资产预计的净残值均应为零，以使经营方的全部投资在后续期间的价值摊销能够起到抵税的作用。

但是，考虑到高速公路资产的特殊性，建议将路面资产和路基部分以明细科目的方式分开确认，因为两者的更新年限有较大差异。路面资产可以按车流量法在预计的更新期限内摊销；而路基部分资产不应该按特许期进行摊销，而应按照设计的全寿命周期（包括特许期满移交给政府部门后的经营阶段）摊销。公私双方可以在特许权协议中约定需要考虑的路基资产的残值问题，即在特许期结束时，项目公司不是无偿将 BOT 资产移交给政府，政府需要按照评估的残值将资产赎回。

第三节　我国公私合作项目的政府担保措施及其潜在风险

因 PPP 项目所具有的社会服务性质，当项目因各种原因陷入经营困境时政府部门为防止项目停止运营，往往采取对项目注资、进行补贴甚至直接接管等方式，以维持公共产品或服务供应的连续性，从而变相承担了很多的项目风险。政府采取的多种担保措施会对公私部门之间风险不对称起到一定的缓解作用。

一　我国公私合作项目政府担保的常见类型

PPP 项目中使用过的政府担保形式具有多样性，本节总结如下：

（1）行政许可担保。由当地政府负责协调和推进项目前期所有与政府部门相关的事宜，及时获得只能由当地政府出面才能获得的相关批文。

（2）非竞争性担保。政府承诺不再报批与该项目相同或非常类似的项目。

（3）安慰信。虽然安慰信并不具有法律约束力，但一个有信誉的机构出具的安慰信或支持信在项目融资安排中具有相当的分量。

（4）优惠税收担保。帮助项目公司按照公用基础设施项目的优惠政策向国家和地方政府申请税收优惠。

（5）外汇汇出担保。保证外商投资者的经营取得的东道国货币收入，在扣除费用和缴纳税金后可以换成外汇汇出境外。

（6）不可抗力担保。包括因不可抗力事件致使运营延误时，特许期自动延长；对于不可保险的不可抗力风险，例如，政策变化或政府行为导致的风险则由政府承担。

（7）银行贷款担保。政府承诺为项目公司获得贷款提供一切必要的帮助，如果由于项目经营收益达不到预期而无法归还贷款时，政府承诺承担贷款的清偿责任。

（8）运营收入担保。通常政府会根据项目预期的收入规定一个下限（如70%），如果项目运营收入低于这个下限，政府会以下限为标准补助私人投资者差额部分。或者是在合约中规定，按照事先规定的价格购买确定的最低数量的业务量（如电量、污水处理量等）。

（9）固定投资回报担保。政府向私人投资者定期按事前规定的投资回报率提供固定投资回报。经常出现在吸引外商投资的情况下。

（10）政府提前接管的保证。如果项目预期未来的收益低于一定标准时，私人投资者可以提前向政府部门转移项目的所有权，并提前获得一笔补偿。

（11）汇率风险担保。承诺如果由于政府政策的变化导致东道国货币与外汇的兑换率变化超过一定幅度时，为保证外商投资者的收益,允许对公共产品或服务的本币价格进行调整;还有一种情况是,如果项目使用的有外币借款,当本币贬值达到一定幅度时,政府承担部分或全部还款损失。

(12)政策担保。由于法律变更导致项目公司的资本投资或经常性支出增加在预先设定的范围内,风险由项目公司承担,超出该范围则由政府承担。或者因法律变更导致项目公司的权利或义务发生实质性的不利情况时,项目公司有权书面申请改变特许权协议条款,以恢复到变化之前同样的经济地位。

当然,采取 PPP 模式的每个公共项目由于涉及的具体风险各不相同,所以合同中采取的政府担保的具体方式会有差异。

在上述政府担保中,前五种政府担保不会形成政府未来的现金支付义务,即难以进行货币化的定量描述。后七种政府担保根据相关风险因素发生时,政府可能发生的支付金额能否合理估计,再将其分为两类,具体如表 3-3 所示。本书后续在分析政府担保对 PPP 项目财务决策的影响时,主要针对这五种支付额能够合理估计的保证形式。

表 3-3　　　　　　　　政府担保分类汇总

难以货币化定量描述	能够货币化定量描述	
	支付额难以合理估计	支付额能够合理估计
①行政许可担保		⑦银行贷款担保
②非竞争性担保		⑧运营收入担保
③安慰信	⑥不可抗力担保	⑨固定投资回报担保
④优惠税收担保	⑫政策担保	⑩政府提前接管担保
⑤外汇汇出担保		⑪汇率风险担保

二　政府担保措施引发的问题

各种政府担保类规制措施在起到吸引私人部门参与公共项目投资,为私人投资者转移风险作用的同时,也引发了一系列的问题。

（一）政府部门滥用担保措施进行表外融资

PPP 融资模式产生的动因之一就是吸引私人部门参与公共项目投资以缓解政府部门公共支出不足的困境，使政府在有限资源的情况下，能够提供更多的公共服务。而实践中，PPP 项目表面上是由私人投资者投资、特许经营和维护的，但项目运营中更多的风险是由政府通过担保的方式来承担。一些政府审计部门发现，政府担保的滥用成为帮助政府部门财务报告顺利通过审计的一种工具。①

PPP 融资模式下，政府部门通过提供各种政府担保吸引私人资本投资建设公共项目，可以减少政府的预算支出，降低政府负债的比例，绕过政府借款最高限额，达到政府表外融资的目的。在经济出现衰退的周期内，一些国家纷纷采取积极财政政策造成的赤字率和负债率的提高引发了人们对其财政风险的关注。

（二）政府部门过度担保引发潜在财政风险

政府提供担保确实能够起到转移风险吸引私人投资者的目的，但同时有些担保也意味着政府需要承担将来这些被担保事件发生时大额的支付义务。由于公共项目 PPP 模式在一些国家还属于新鲜事物，政府在提供各种担保时没有形成进行成本估计的意识，导致提供过多的保证，给政府带来了潜在的风险及未来财政支付的压力。

20 世纪 90 年代，韩国政府为私人部门投资建设的一条机场高速公路提供担保，保证私人投资者在未来 20 年内实际收入至少达到预期收入的 90%，不足部分由政府补足；如果实际收入达到预期收入的 110%，超过部分归政府所有。但是，当公路在 2000 年投入使用时，实际收入还不到预期收入的一半，结果政府每年需要支付1000 万美元来履行承诺，整个担保期内政府还需要支付多少不得而知。阿根廷政府曾为铁路项目的私人投入资本提供了 6%—7% 固定收益率的担保，这一措施帮助该国政府从国外资本市场吸引到了私

① Government of New South Wales, Australia, Auditor – General's Office, Private Participation in the Provision of Public Infrastructure: The Roads and Traffic Industry, Sydney: Auditor – General's Office, 1994.

人资本。但是，由于政府对该担保未来支出的预算不够准确，再加上政府需要支付这笔大额支出时经常遇到国家税收收入不好的情况，结果导致政府的财政危机（Irwin，2007）。

我国的一些特许经营项目也因为政府的过度担保而造成政府违约的风险。如沈阳第9水厂供水项目，特许期20年，项目约定了高额固定投资回报担保，第2—4年18.5%，第5—14年21%，第15—20年11%，为保证实现该投资回报，沈阳自来水总公司给第9水厂支付的水价为2.5元/吨，而沈阳市1996年的供水平均价格是1.4元/吨，这导致沈阳市自来水总公司在仅仅数年内就亏损2亿多元（亓霞、柯永建和王守清，2009）。再有，长春市汇津污水处理厂项目，长春市政府提供了高额的运营收入担保，仅两年多时间，排水公司就无力向项目公司支付污水处理费，并累计欠费高达9700万元，项目公司向长春市人民政府提起行政诉讼，最终项目被长春市政府清理并回购（邓敏贞，2013）。政府守信成本过高是政府违约的最主要和最直接原因。

（三）现金制政府会计无法及时披露政府担保的成本与风险

在政府会计采取现金制会计（cash accounting）的情况下，政府会忽视那些不会立即产生政府支出的决策成本，像PPP项目中的政府担保决策，保证责任的履行在未来发生，而且未来政府是否需要履行义务还存在着不确定性，这就使政府在提供担保时不计后果，导致担保责任过重。而现代应计制（accrual accounting）的会计准则，要求对未来需要支付的或有负债在满足一定条件的情况下立即确认为报表中的负债项目，即使达不到在报表中确认的条件，往往也需要在报表的附注中进行相关信息的披露。如果采取应计制的会计准则，有些政府担保就需要按照一定的会计方法进行确认和计量，以公允反映政府担保的成本，在政府的财务报告中反映出政府的风险状况。

自从美国1991年《信用改革法案》出台后，很多经济合作与发展组织（OECD）国家都开始对政府担保的财政影响进行评估。

使用新的会计方法对政府担保进行计量和披露，使政府直接资助的显性负债和提供政府担保的隐性负债都体现为政府未来的支出，都需要由立法机关拨款，并可能导致财政赤字。这样，政府采取用担保方式替代直接资助以隐藏负债支出的这种行为的动机就会减少。

由上述引发的问题可见，由于发展中国家吸引私人部门资金投资公共项目的急切心态，再加上多种政府担保形式的估价难题，使公共部门缺少对担保成本的认识，容易导致提供过度担保，引发现金流权的错配，出现过犹不及的现象。

三　加强对公私合作项目政府担保措施的信息披露

政府使用公共资源向社会公众提供公共服务时，政府就承担了对社会公众的公共受托责任。政府有义务对资源使用的效率负责，并对政府部门的财务状况进行风险披露。因此，改革现行的政府会计方法，能够对 PPP 项目中的政府担保责任进行及时确认与计量，能及时揭示出政府在提供保证时承担的隐性债务风险，提升财政透明度，优化公共决策机制。

（一）采取应计制政府会计体系

自 20 世纪 80 年代后期开始，政府会计转向应计制已成为一种趋势。许多发达国家的政府如澳大利亚、加拿大、英国、新西兰、美国等和发展中国家的政府如智利、印度尼西亚、菲律宾、南非等，都转向了应计制（王敏，2007）。他们不仅要求政府按照传统会计方法提供现金制的现金流量表，同时还要求按照应计制披露资产、负债，以及非现金收入与费用。

国际公共部门会计准则（IPSASs）是由国际公共部门会计准则委员会（IPSASB）制定的适用于公共部门主体编报通用财务报表的财务报告准则。该准则体系的目标是提高公共部门披露的财务信息的质量，促进各国公共部门财务信息的一致性和可比性。IPSASB 以应计制为基本导向，明确鼓励各国政府采用应计制会计。截至目前，委员会已发布了 32 项应计制下的准则和一项现金制下的准则。该项现金制准则鼓励公共部门主体自愿披露基于应计制的会计信息，而无论该主体核心财务报表是否基于现金制编制，其目的是促进公共部门从现金制逐步向应计制转换。

尽管该准则体系包含的一些具体准则还存在缺陷，但 IPSASs 处于不断改进过程中，遵循该体系就意味着提供的政府财务信息也能不断完善。另外，通过实施一套不能完全由一国政府部门控制的会计准则体系能增强政府部门提供的财务信息的可信度，因为这样能减少政府部门对准则制定的干预，政府部门不能因为某一准则会反映出其不想见到的财务结果而对其进行修改。

IPSASB 于 2011 年 10 月发布了《IPSAS 第 32 号——服务特许权协议：让渡方》①（以下简称 IPSAS - 32），并于 2013 年 1 月对该准则进行了修订。该准则立足于研究制定服务特许权协议中让渡方（即公共部门）的会计处理和财务报告准则，主要规范公共项目 PPP 融资中的 ROT（改造—经营—移交）和 BOT（建设—经营—移交）两种特许经营模式。

IPSAS - 32 应用指南第 51—54 条款，对服务特许权协议中涉及的政府担保进行了相应的规定。把服务特许权协议中的政府担保分成两类：一类是财务担保（financial guarantees），主要是指政府对私人经营者为建设服务特许权资产而举借的债务进行的保证；另一类是业绩担保（performance guarantees），主要是为了转移私人投资者的业绩风险，保证私人投资者能够收回投资并实现预期的收益。准则规定不同的保证形式应确认为政府部门不同的负债项目。随着学者们对政府担保定价技术的不断完善，各种形式的具有期权性质的政府担保的估价问题得以解决，在政府会计体系中根据成本效益原则，选择使用这些估价技术，可以解决政府担保会计计量的难题。

（二）合理披露政府担保的成本信息

1. 财务担保类政府担保的会计确认

根据 IPSAS - 32 应用指南中第 52 条的规定，如果政府担保符合

---

① International Public Sector Accounting Standards Board, IPSAS 32—Service Concession Arrangements: Grantor, International Federation of Accountants, 2010.

了《IPSAS29——金融工具：确认与计量》①（以下简称 IPSAS29）
中规定的财务担保契约的定义，应该根据 IPSAS29 的相关规定，将
政府担保确认为金融负债。根据 IPSAS29 第 10 款中给出的定义，财
务担保契约是指根据担保人和债权人的约定，当债务人无法履行债
务时，保证人按照约定履行债务或者承担义务的合同。如果是属于
财务担保契约的衍生工具，不能将其确认为以公允价值计量且其变
动计入当期损益的金融负债。鉴于前述所分析的 PPP 项目中的银行
贷款担保和外币贷款中的汇率风险担保所具有的看跌期权属性，其
不同于一般的银行贷款担保，因此，应当从担保协议中规定的政府
部门开始承担担保责任之日起确认为其他金融负债。

　　2. 业绩担保类政府担保的会计确认

　　对于运营收入担保、固定投资回报担保、政府提前接管保证这
三种保证形式，都是指当项目未来的运营收入达不到预期的标准，
使私人投资者无法获得必要的报酬时，政府给予私人投资者一定额
度的补偿。只是三种保证下，政府具体支付义务的确定方式不同。

　　根据 IPSAS - 32 应用指南中第 53 条的规定，如果政府担保不符
合财务担保合同的定义，应该根据《IPSAS19——准备金、或有负
债和或有资产》② 的相关规定，按照准备金和或有负债的判断条件
进行会计处理。

　　如果业绩担保类政府担保能同时满足下列条件时，应当在报表
中确认为政府的一项负债——准备：该义务是政府因过去的事项而
承担的现时义务，履行该义务很可能导致政府经济利益或潜在服务
的流出，该义务的金额能够可靠地计量。如果业绩担保类政府担保
不能同时满足上述三个条件，则作为或有负债。或有负债不属于需
要在政府财务报表中列报的负债项目，只需要政府在报表附注中对

---

①　International Public Sector Accounting Standards Board, IPSAS 29—Financial Instruments: Recognition and Measurement, International Federation of Accountants, 2010.

②　International Public Sector Accounting Standards Board, IPSAS 19—Provisions, Contingent Liabilities and Contingent assets, International Federation of Accountants, 2002.

或有负债的种类及形成原因进行相关说明。

具体判断时,政府担保可能导致的政府支出的最佳估计数的确定是个难点。由于最佳估计数难以确定,结果容易造成很多的业绩担保类政府担保不能在报表中确认,而这种政府隐性负债的显性化在特许经营项目中又极为常见,这就使得应计制政府会计改革的目的之一——及时揭示出政府在提供担保时承担的隐性债务风险以优化政府决策,无法实现;也无法阻止政府通过公共项目PPP模式进行表外融资的动机。

如前所述,运营收入担保、固定投资回报担保、政府提前接管保证这三种业绩担保类政府担保属于看跌期权这种衍生金融工具,而根据IPSAS29第10款规定,属于衍生金融工具的,应该被确认为以公允价值计量且其变动计入盈余与赤字的金融负债。因此本书建议,对这三种政府担保应当从担保协议中规定的政府部门开始承担担保责任之日起确认为金融负债,在报表中予以列示。这三种担保形式下政府承担担保责任之日应该是PPP项目建成后开始运营之日。

3. 其他能用货币表现的政府担保的会计确认

不可抗力担保和政策变更担保,根据IPSAS19的相关规定,它们都不符合或有事项的定义。对于这两种政府担保可能引起的政府支付义务,IPSAS-32中没有相关的规定。本书认为,这两项政府担保由于风险因素导致的各种可能情况的概率难以估计,且政府可能发生的支付额也难以合理估计,因而无法进行会计计量。但是可以在政府的财务报表附注中采取与或有负债类似的方法对这两种政府担保进行单独的信息披露,以起到财政风险预警的作用。

本章小结

本章首先在文献分析和上市公司年报资料整理的基础上,选择

以污水处理、垃圾处理、收费公路和城市轨道交通四个行业的 PPP
项目为对象分析其交易结构，对比各类项目盈利模式的特点，总结
不同类项目为保证其可行性政府部门提供的收益保障措施的差别。
其次 PPP 项目投资决策需要借助于项目的相关信息作为决策依据，
但是特许经营模式下存在着信息的不对称，作为项目最终所有者
的公共部门在获取项目真实经营信息时存在一定难度，这容易造
成公私部门间因错误决策而导致风险和收益分配的不公平。因此，
本章紧接着以收费路桥类 BOT 项目为对象，从我国路桥经营类上
市公司公开披露的年度财务报告中获取的相关信息为依据，对
PPP 项目资产管理的现状及信息披露质量及其中存在的问题进行
总结。最后对保障 PPP 项目可行性起到重要作用的政府担保措施
进行重点分析，总结其常见的类型、不当决策时引发的问题以及
应如何披露政府担保的风险信息，为政府担保措施在 PPP 项目中
的应用提供决策参考。

尽管我国不同行业的 PPP 项目在交易结构和盈利模式上存在
着一些不同特点，但采取合理的政府担保或其他收益补偿方式以
转嫁私人投资者承担的部分项目风险是保障各类 PPP 项目能够有
效运营的重要措施。PPP 融资模式下，特许经营者将大量资金投
资于项目资产，项目资产的有效运营是其回收投资和实现收益的
基础；同时公共部门期望依托项目资产获得高质量的公共产品或
服务，因此公私部门都十分重视对 PPP 项目资产的管理。再加上
各类项目的特许经营协议都存在着契约的不完全特征，经营阶段
公私部门间需要借助于项目收益情况、项目资产的管理情况等信
息的反馈对初始契约条款进行再谈判和重新决策。但 PPP 项目的信
息披露中存在较多问题，导致公私部门间的信息不对称，会影响到
决策的有效性。

PPP 项目会计规范的制定不仅是会计技术问题，还受到政治目
的的影响，因此备受关注。尽管随着理论界与实务界对公共项目
PPP 模式理解的深化，PPP 项目信息披露规范不断得到完善，但我

国的相关会计规范仍存在着一些不足之处，再加上财务人员对 PPP 业务实质的错误理解和会计规范执行的不到位等原因，使现有的 PPP 项目财务信息披露中存在着较多问题，不能满足公私部门对 PPP 项目资产的管理需要。

我国一些路桥类上市公司对 BOT 项目资产的归属存在判断错误，上市公司之间对 BOT 项目资产的会计信息披露存在着较多差异，导致会计信息的可比性较差。究其原因，主要有两个方面：第一，我国对 BOT 业务的信息披露规范不完善，具体体现为：特许经营权所依托实物资产的范围界定不清，影响了特许权资产的计价；缺少对特许经营项目后续计量及残值的原则性规范。第二，上市公司对会计准则体系中 BOT 业务的相关规范执行不力，而且审计监督不到位。要提高我国 PPP 项目的信息披露质量，一方面要结合 PPP 业务可能存在的各种特殊情况，完善我国与 PPP 业务相关的信息披露规范体系；另一方面要强化财务人员对 PPP 项目特点及业务属性的认识，并加强监管，保证信息披露规范的贯彻落实。要保证合理确认 PPP 项目的资产归属，根据 PPP 项目依托的资产合理确定成本计量范围，并统一项目资产的后续计量。

各种政府担保类规制措施在起到吸引私人部门参与公共项目投资，为私人投资者转移风险作用的同时，也引发了一系列的问题。但是，由于对政府担保潜在风险和成本估计的认识不足，政府担保也引发了政府表外融资、过度担保等问题。为了更好地发挥政府担保合理分担项目风险的作用，需要进行应计制政府会计体系改革，采取量化的方式分析政府担保对项目现金流权的影响，借助于对政府担保的潜在成本支出的合理估价，进行相关信息披露。解决了政府担保的定价问题后，能够使政府部门意识到政府担保的成本大小，防止私人投资者利用政府部门急于为公共项目融资而忽略政府担保价值的现状，进行不对称谈判。

第四章 公私合作项目投资决策模型及社会折现率的确定

第一节 公私合作项目特许经营决策模型及关键风险因素

一 公私合作项目特许经营决策模型

如 Hanaoka 和 Palapus（2012）所述，NPV 法是政府部门和投资者对 PPP 项目进行财务可行性分析时更常用的评价工具，PPP 项目剩余控制权配置的研究主要是为了合理控制特许经营者的收益水平，因此，本书以 NPV 法作为判断配置方案对项目财务价值影响的评价依据。

投资者的净现值通过对项目在特许经营期内实现的现金流量的折现值来确定，计算方法如式（4-1）所示。当项目的净现值大于或等于零时意味着该项目在特许期内可以实现投资者所要求的最低收益率。

$$NPV = \sum_{t=0}^{T_c} \frac{NCF_t}{(1+r)^t} = \sum_{t=T_{b+1}}^{T_c} \frac{(P_t - C_t) \times Q_t}{(1+r)^t} - \sum_{t=0}^{T_b} \frac{I_t}{(1+r)^t}$$

$$(4-1)$$

其中，NCF_t 表示项目第 t 年的现金净流量；P_t 表示单位产品或服务第 t 年的特许价格；C_t 表示单位产品或服务第 t 年的运营和维护成本；Q_t 表示项目第 t 年的业务量；I_t 表示项目第 t 年的建设投资；r 表示行业基准折现率或项目的加权平均资本成本；T_c 表示特许经营期；T_b 表示建设期。

Shen 等（2002）从公私部门双方利益出发提出的特许经营决策模型（BOTCcM）为决策者们确定合理的特许经营期范围提供了决策依据，特许经营期的长短应符合这一决策标准：$IR \leqslant NPV(T_c) \leqslant NPV(T_f)$。

该标准表明特许经营期 T_c 的期限应该满足两个要求：

第一，使私营部门收回初始投资并能获得预期收益率（IR）；

第二，特许期满项目无偿移交给公共部门后，公共部门负责经营项目的期间（$T_c - T_f$）应实现项目的收支平衡，其中，T_f 是公共项目的经济寿命期。

但是，Shen 等提出的 BOTCcM 模型在实际应用时存在两点固有的缺陷。

第一，Shen 等在计算私人投资者和公共部门的净现值时使用了相同的折现率，但事实上，社会折现率更适合用来评价政府的收益水平。20 世纪六七十年代的早期文献对公共部门与私人部门是否应该使用相同的折现率讨论得较多，并基本形成了较为一致的结论：公共部门使用的社会折现率应该比私人部门的低。社会折现率是指把整个社会未来的成本和收益恰当地折算为真实社会现值的折现率。社会折现率要体现一个国家、一个地区大多数人的意愿，受该经济区域内的社会生产率、社会时间偏好、环境保护和利用、资源耗竭程度、代际公平等因素的综合影响。在特许期满项目移交后的阶段，把低于特许经营者使用的折现率的社会折现率用于计算公共部门的 NPV 时，我们会发现公共部门的净现值会大于之前的结果，根据 BOTCcM 模型的第二个决策标准 $NPV(T_c) \leqslant NPV(T_f)$，在这种情况下项目的特许经营期将可以由 T_c 延长至 T'_c，如图 4 - 1 所示。

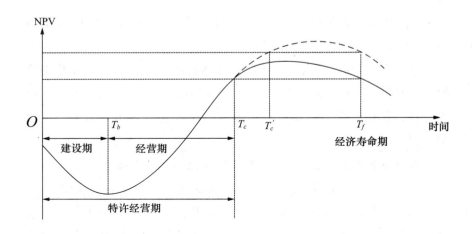

图 4 - 1　BOT 项目特许经营期及 NPV 曲线

　　第二，特许期满时，项目经营权由私人投资者移交给公共部门。公共部门负责经营项目的阶段，鉴于产品或服务的公共品属性，政府制定的收费价格通常会低于项目移交之前，有些公共产品或服务甚至是免费提供的。因此，很难实现公共部门净现值在 T_c 到 T_f 的阶段大于零的要求。

　　基于以上两点分析，我们将项目 NPV 随时间变化的曲线在特许经营期结束后的部分用虚线表示。考虑到项目经营期间不确定性因素的影响，可以将 NPV 评价指标计算时所使用的参数分为确定型和不确定型两种。借鉴 Ye 和 Tiong（2010）提出的风险 NPV 法，当不确定性参数在正常范围内波动时，通过蒙特卡洛模拟可以得出特许期内 NPV 值的分布状况。本书后续研究中主要使用 NPV 指标经过蒙特卡洛模拟后得到的均值来分析问题。

二　公私合作模式的风险类别及关键风险因素

（一）公私合作模式的风险类别

　　PPP 模式下的公共项目面临着较多的风险，各种风险产生的原因不同，风险程度也存在很大差异，在各种风险的交叉作用下，项目具有复杂性和多变性。在对大量关于 PPP 项目风险分析的文献进行整理的基础上，下面从多个角度对风险类型进行划分。

（1）根据风险因素，主要分为两种类型：一种是系统风险，另一种是非系统风险，其中，系统风险主要是从市场客观环境出发，结合项目本身的风险，形成的无法避免的风险，主要包括政府、法规、经济、利息、自然风险等；而非系统风险主要指的是项目运行过程中，由于没有得到妥善的管理造成的风险，比如说工期预测、技术含量、施工条件、操作风险等。

（2）按照项目发展的顺序，可以将风险划分为以下四种类型：首先，招投标风险，包括因招标失利、资金不足或者是没有准确预测等造成的风险。其次，模式金融风险，如缺乏资金和资金管理失衡，以及利息波动，还有人为因素造成的风险。再次，在施工过程中产生的风险，如施工现场的环境、财政支出和项目预测风险，以及质量原因和科技原因，此外，还有员工人才素质的原因造成的风险。最后，就是操作过程中出现的风险，主要有进账风险、操作及管理风险等。

（3）根据风险因素的不确定性引起的风险，主要包括以下三种：首先，可控制性风险主要指的是条件成熟的情况下，准确预测和控制的风险，能够有效规避的风险，比如说，科技风险、管理及整合风险、工期风险、上级部门批示时间、成本风险、土地周边环境风险、科技含量风险、项目质量问题、工人素质风险、资金不足的风险、公司与工人之间的矛盾、仓库材料管理风险、倒闭风险等。这些因素都能够提前预测，如果出现问题，需要由项目公司负责承担责任。其次，不可控制风险指的是因外力作用，如政策、法规、经济等，无法进行有效控制产生的风险，这类风险是突发性风险，一旦出现问题，只能是及时采取措施尽量减轻危害，不能规避。最后，不可预测性风险，这类风险指的是事前无法预测，更不用说控制和规避。

（4）根据风险因素的来源不同，可以分为两种类型：一种是自然风险，另一种是人为风险。自然风险主要指的是自然环境中由于不可抗力造成的风险，如自然灾害，暴雨、地震等。人为风险指的是在项目的运行过程中，由于人为因素造成的管理不当和政策理解问题出现的风险。

项目参与方不同，构成的风险也会存在差异。PPP 模式能否使公共项目有效运营，取决于各参与方在项目风险的评估与控制方面是否能够通力合作，有时候由于一方处理不当，可能给另一方造成风险，甚至导致项目失败。因此，项目风险管理过程中，要从全局角度出发，在共赢的原则下由项目参与方合理分担风险。

（二）公私合作项目的关键风险因素

项目由于不确定性的存在而具有风险性，PPP 项目由于投资量巨大、运营周期长、市场需求难以预测、利益相关者众多等原因风险因素更加明显。PPP 项目的风险贯穿于项目投资和运营的整个过程。这里按照项目的阶段对风险进行分析。

1. 决策风险

项目投资的前期决策对项目能否成功有至关重要的影响，在任何投资活动中，决策风险都可以被看作项目的首要风险。与普通的投资项目相比 PPP 项目有与其不同的特点：资金投入大、运营周期较长（通常 20 年以上），由于较长的回收期会导致利润率低；业务量是项目唯一的收入来源且收费标准受特许经营合同的制约不能随意更改；项目无法分拆难以变现，只能通过承担违约责任提前将项目整体无偿转移给政府而撤出。因此，PPP 项目在决策时要对项目进行充分的评估。

2. 建设风险

建设风险通常包含施工和技术两方面的风险。PPP 项目的施工风险一般是建设期到运营前的这段时间中发生的意外情况，施工风险会导致投资增加、项目质量下降、工程期延长等不利后果，进而导致成本的增加和无法按期取得目标收益。PPP 项目的技术风险一般是由于采用的设计方案不合理或施工过程及后续采用的设备或材料有缺陷导致公共产品或服务不达标，抑或是由于国家标准的不断提高导致现有设施无法满足更高的要求而必须进行升级改造两方面的原因造成的，这两种情况都必然造成成本和投资的增加。

3. 运营风险

PPP 项目的运营风险通常是指项目在运营期间无法实现预期的业务量、将成本控制在预算范围内、无法实现预期盈利目标的可能性。为实现项目的收益，PPP 项目的投资者不仅需要在技术方面达到规定标准，并获取足够的业务量，而且在成本方面也要做好控制，以期实现项目更大的收益。

4. 财务风险

财务风险对于 PPP 项目而言也至关重要，具体来讲，包括融资方面的风险、利率方面的风险、通货膨胀引起的风险，境外私人投资者运作还可能包含汇率方面风险，而这些风险最初都是源于 PPP 项目需要大量的资金投入。由于项目资金需求量巨大，PPP 项目通常会有 70%—80% 的资金来源于融资贷款，因此贷款能否取得、利率高低直接与后期项目的建设与运营有直接的关联。融资不足直接影响工程进度，利率的变化影响资金成本，通货膨胀在合同限价的情况下将导致项目盈利减少甚至引起亏损。

5. 政治风险

由于政策和政治的原因造成的风险。PPP 项目的特点决定着其受国家和政府的关注程度较高，因此存在较大的政治风险。政治风险主要包括政策不稳定造成的风险和法律变更造成的风险两种类型。

上述各种风险因素在 PPP 项目进行决策时均无法准确预知，这导致公私双方达成的 PPP 项目契约具有典型的不完全契约特征。一旦某些风险发生影响项目的建设与经营，导致经营者在特许期内无法实现预期收益，甚至可能导致项目无法继续运营时，公私部门间将会进入反复的谈判环节和博弈过程，修改原有的 PPP 项目契约条款，将引发较高的决策成本。

第二节 特许经营期内政策变动风险
对项目决策的影响

一 公私合作项目的税收政策研究与政策变动的影响

（一）公私合作项目税收政策研究现状

国外学者对项目的涉税问题关注角度与国内研究略有不同。Badawi（2003）认为，BOT方式作为一种新兴的实体模式，需要制定单独的会计和审计标准以及税收政策来对其进行管理。Bartlett（2004）则聚焦于 PPP 项目中有关资本化折旧的抵税问题，指出通过改变合同的关键部分和提供服务的方式可以使项目的实际税率大大降低。Zhang 和 Durango - Cohen（2012）则建立了一个交通运输公私合营项目的决策模型来研究税收和成本结构对投资可行性的影响，发现政府承诺的时机和力度对项目的稳定性具有重要影响，政府对于税率等关键变量承诺得越早，越有利于项目的成功。

目前，我国并未单独建立针对 PPP 项目的税收体系，PPP 项目的税费征收是按照项目所处的行业实施的。我国对此的研究大多是针对 PPP 项目涉及行业的涉税科目及其享受的国家税收优惠政策的研究方面。陈赋才（2013）分析了我国有关的税收法规，对 BOT 项目的会计处理、营业税的纳税处理以及企业所得税的纳税处理进行了讨论，重点剖析了施工企业的会计和税务处理。卫晋芳（2014）则重点关注了路桥施工企业在投资高速公路 BOT、BT、TOT 项目时应关注的印花税、营业税、企业所得税的涉税问题及政策。干华和清亮（2012）、樊其国（2015）则系统地梳理了包括 BOT 方式在内的公私合作制在我国享受的税收优惠政策。

（二）污水处理项目税收政策变动的税负影响

2015 年 7 月 1 日以前，污水处理 BOT 项目在我国可以享受到的税收优惠主要体现在增值税予以免征和所得税的"三免三减半"两个方面。随着财税〔2015〕78 号文件的实施，污水处理收入需要交纳增值税，但实施先征后返 70% 的税收优惠。这意味着，在不对污水处理费价格进行调整的情况下，污水处理厂每取得 100 元的污水处理费收入，就会产生 17 元的增值税销项税额，若其对应的增值税进项税额为 3.6 元（根据下文案例分析中数据的实际比例估算），则应缴纳增值税的税额为 13.4 元；在此基础之上还应缴纳城建税、教育费附加、地方教育费附加以及水利基金，其税率分别为 7%、3%、2%、1%，则应缴纳以上四项附加费共计 1.74 元，之后增值税应当返还 70% 为 9.38 元（按照现行的税收政策，随主税计征的附加费并不随主税的返还而返还），则实际缴纳增值税为 4.02 元。收到的增值税税收返还款项属于政府补助，会计上计入"营业外收入"，使企业所得税增加 1 元，而附加费用会使企业所得税少交 0.44 元，两项相抵使得企业所得税净增加 0.56 元。上述分析的计算过程如表 4 -1 所示。

表 4 -1　　　　　　　　　增值税税负分析

项目	计算过程	金额（元）
增值税销项税额	117 ÷（1 + 17%）	17
应缴纳增值税税额	17 - 3.6	13.4
四项附加费	13.4 ×（7% + 3% + 2% + 1%）	1.74
增值税税收返还	13.4 × 70%	9.38
实际缴纳的增值税	13.4 - 9.38	4.02
税收返还使企业所得税增加金额	4.02 × 25%	1
附加费使企业所得税减少金额	1.74 × 25%	0.44
企业所得税净增加金额	1 - 0.44	0.56
上述实际缴纳的税费共计	4.02 + 1.74 + 0.56	6.32

　　上述测算结果显示，项目公司每取得 100 元污水处理收入，涉及缴纳的税费共计 6.32 元。78 号文的税收政策使污水处理企业承担的税负增长了约 6 个百分点，这对污水处理 BOT 项目的收益影响

可见一斑。如果考虑到整个特许经营期，则累积的影响会更大。

二　税收政策对项目收益的影响

（一）经营方特许期内的收益评价

污水处理 BOT 项目的中标企业即经营方在预定的特许经营期内负责项目的建设与运营，政府部门通过采购行为按照双方确定的污水处理价格和业务量支付服务费。对 BOT 项目经营方特许期的收益进行评价时最常用的方法就是净现值法，本章通过计算项目的 NPV 指标判断增值税税收政策变动对项目财务价值的影响。不同税收政策下污水处理 BOT 项目的 NPV 指标计算如式（4 - 2）和式（4 - 3）所示。

$$NPV = \sum_{t=0}^{T_c} \frac{NCF_t}{(1+r)^t} = \sum_{t=T_{b+1}}^{T_c} \frac{(P_t - C_t) \times Q_t - IT_t}{(1+r)^t} - \sum_{t=0}^{T_b} \frac{I_t}{(1+r)^t}$$
$$(4-2)$$

$$NPV = \sum_{t=0}^{T_c} \frac{NCF_t}{(1+r)^t} = \sum_{t=T_{b+1}}^{T_c} \frac{(P_t - C_t) \times Q_t - IT_t - VA_t}{(1+r)^t} -$$
$$\sum_{t=0}^{T_b} \frac{I_t}{(1+r)^t} \qquad (4-3)$$

模型（4 - 2）为现行企业所得税税收政策下的项目 NPV 值，模型（4 - 3）为增值税税收政策变动后项目收益的计算。由于城建税、教育费附加、地方教育费附加以及水利基金等附加费用在污水处理费收入的比重相对较小，最高仅占增值税额的 13%，因此，本章为简化计算，暂不考虑附加费用及其他税费对项目收益的影响。

受项目经营期间不确定性因素的影响，评价指标计算时所使用的一些参数为不确定型变量，比如污水处理量会在一定范围内波动，受通货膨胀等因素的影响材料等运营成本会发生波动，且公私部门间还会对特许价格进行动态调整。当这些不确定性变量在正常范围内波动时，通过蒙特卡洛模拟可以得出特许期内 NPV 值的分布状况。本书后续进行税收政策影响的测算时，主要使用 NPV 指标经过蒙特卡洛模拟后得到的均值来分析问题。

（二）案例背景和项目参数

本节以佛山市三水污水处理 BOT 项目为案例背景对税收政策变动风险的影响进行分析。该项目总投资约 1.2 亿元，其中佛山市水业集团注资 3600 万元，以特许权协议作抵押向商业银行融资 8400 万元。项目的特许期限为 25 年，其中建设期为两年，资金投入分别为第一年 6000 万元，第二年 5500 万元，在第三年投入 500 万元的流动资金（陆维，2012）。

· 项目建成投产后的经营参数为：预计污水处理量为 10 万吨/日；项目的特许价格为 0.85 元/吨，则预期的年运营收入为 3102.5 万元，由佛山市政府部门按处理量支付给项目公司；年水电费合计为 419.68 万元，年药剂费为 108 万元，年污泥处置费为 130 万元；定员 34 人，人均年工资福利费用为 2 万元，共计 68 万元/年；设备的维修保养费一般每年按照设备投资额的 5% 计提，设备大修费和管道维护费一般每隔几年才会发生一次，按设备投资额的 2% 计提，共计年均维修费用 269.5 万元；每年按上述各费用之和的 5% 计提其他费用；企业所得税税率为 25%。

借鉴边军等（2009）对污水处理项目设备折旧年限归类统计的结果，计算三水污水处理项目各类设备的价值，并估计项目的年折旧额。为简化计算，本书采取直线法计提折旧，假设期末无残值，设备提足折旧后立即进行更新重置，计算结果如表 4-2 所示。

表 4-2　　三水污水处理厂设备折旧年限及年折旧额统计

折旧年限（年）	所占设备价值比例（%）	设备价值（万元）	年折旧额（万元）
5	1.90	73.15	14.63
6	0.40	15.40	2.57
9	26.20	1008.70	112.08
11	66.70	2567.95	233.45
16	4.80	184.80	11.55
小计	100	3850.00	374.28

考虑到不确定性因素的影响，对项目不确定性参数的分布函数界定如表 4-3 所示。项目的基准收益率根据决策时点中国人民银行长期贷款利率 6.12% 上浮 10% 后确定为 6.732%。将项目参数代入评价模型，使用水晶球软件对参数进行 10000 次迭代的蒙特卡洛模拟，据以得出税收政策影响下项目各年度的累积 NPV 的均值。

表 4-3   项目参数的分布概率

参数	随机变量分布	单位
单位特许价格	正态分布（均值 = 0.85，标准差 = 0.085）	元/吨
预计日均处理量	正态分布（均值 = 100000，标准差 = 10000）	吨
水电、药剂、污泥处理成本	均匀分布（最小值 = 637.95，最大值 = 677.41）	万元/年
其他成本	均匀分布（最小值 = 375.64，最大值 = 398.88）	万元/年

目前我国对污水处理项目的企业所得税税率为 25%，税收优惠政策为"三免三减半"。在不考虑增值税政策变化的情况下，通过参数模拟，得出项目的静态投资回收期为 8.23 年，动态投资回收期为 14.51 年，特许期内 NPV 均值为 3748.01 万元，IRR 为 10.17%，如表 4-4 中的情景 1 所示。这些指标反映出 BOT 模式下私人投资者愿意参与污水处理项目的建设与经营期望实现的收益水平。

（三）增值税新政对项目收益的影响

根据 78 号文的规定，对污水处理收入征收 17% 的增值税，但先征后返 70%。在不确定性参数正常波动范围内，通过蒙特卡洛模拟得到项目各年累积 NPV 均值如表 4-4 中的情景 2 所示。

表 4-4   增值税影响下经营期项目累积 NPV 均值

经营期	情景 1 所得税政策 NPV/万元	情景 2 加征增值税 NPV/万元	情景 3 所得税无优惠 NPV/万元	情景 4 两税无优惠 NPV/万元	情景 5 无两税时 NPV/万元
0	(6000.00)	(6000.00)	(6000.00)	(6000.00)	(6000.00)

续表

经营期	情景1所得 税政策 NPV/万元	情景2加征 增值税 NPV/万元	情景3所得 税无优惠 NPV/万元	情景4两税 无优惠 NPV/万元	情景5 无两税时 NPV/万元
1	(11153.09)	(11153.09)	(11153.09)	(11153.09)	(11153.09)
2	(11592.01)	(11592.01)	(11592.01)	(11592.01)	(11592.01)
3	(9901.25)	(9988.83)	(10246.98)	(10465.74)	(9901.25)
4	(8313.87)	(8483.66)	(8984.35)	(9408.61)	(8313.87)
5	(6833.52)	(7080.02)	(7806.52)	(8422.57)	(6833.52)
6	(5584.20)	(5893.77)	(6699.51)	(7495.76)	(5441.89)
7	(4456.67)	(4825.49)	(5705.80)	(6671.31)	(4180.56)
8	(3371.20)	(3795.29)	(4744.95)	(5868.38)	(2970.46)
9	(2457.57)	(2926.26)	(3831.32)	(5103.42)	(1821.70)
10	(1603.98)	(2114.35)	(2977.73)	(4388.77)	(748.61)
11	(1299.20)	(1848.52)	(2672.95)	(4213.83)	(238.96)
12	(583.16)	(1169.08)	(1956.91)	(3619.78)	669.83
13	(982.19)	(1602.38)	(2355.94)	(4133.05)	451.28
14	(330.11)	(982.44)	(1703.85)	(3588.11)	1272.68
15	288.08	(394.43)	(1085.66)	(3070.51)	2049.98
16	865.25	154.55	(508.50)	(2587.29)	2775.54
17	1380.95	643.89	7.21	(2159.48)	3429.99
18	1827.94	1066.24	454.19	(1794.61)	4006.42
19	2301.68	1516.84	927.94	(1398.00)	4601.89
20	2467.40	1660.88	1093.66	(1304.56)	4881.71
21	2883.69	2056.84	1509.94	(956.04)	5404.99
22	3257.83	2411.86	1884.08	(645.62)	5879.91
23	3623.66	2759.83	2249.92	(339.33)	6339.80
24	3427.77	2547.24	2054.02	(590.87)	6231.71
25	3748.01	2851.85	2374.27	(322.77)	6634.23
内含报酬 率（%）	10.17	9.40	8.84	6.42	12.11

表 4-4 的测算结果显示：增值税税收政策变动将导致该项目的静态投资回收期延长到 8.62 年，动态投资回收期延长到 15.72 年；项目 NPV 值下降为 2851.85 万元，项目 IRR 下降为 9.40%。由此可见，增值税政策的变化对污水处理 BOT 项目特许期内的收益水平产生了较大影响，延长了私人投资者回收投资的期限，税负的增加使经营方的绝对额收益减少近 900 万元。这对吸引社会资本方参与项目投资产生了一定的负面影响。对于已经开始实施的 BOT 项目，因政策变动带来的项目损失可能需要通过公私部门间协商的方式共同分担，例如，适当调整特许期内的污水处理价格，或者适当延长项目的特许经营期；但重新谈判过程本身会牵扯较多精力和引发谈判成本。

（四）税收优惠政策对项目收益的影响

在增值税新政实施后，污水处理项目主要的税收负担来自增值税和企业所得税两大税种。如果没有这两项税负，该项目在特许期内的 NPV 值将达到 6634.23 万元，项目的 IRR 达到 12.11%，如表 4-4 中的情景 5 所示。对基础设施项目而言，无税环境下项目相对较高的收益水平意味着存在一定的社会福利损失，有悖于项目所具有的公益性特点。因此，采取征税的方式通过合理的税收政策将项目的收益水平控制在合理的范围是必要且可行的。

在征收企业所得税但无税收优惠的情况下，特许期内项目的 NPV 值降为 2374.27 万元，项目的 IRR 降到 8.84%，如表 4-4 中的情景 3 所示；如果加征增值税且没有税收优惠的情况下，经过模拟测算，两税影响下该污水处理项目特许期内经营方的 NPV 值将会下降为 -322.77 万元，损失 4000 多万元，项目的 IRR 降到只有 6.42%，如表 4-4 中的情景 4 所示；两税影响下的这一收益水平显然是经营者无法接受的。对比结果显示，对污水处理项目而言，每个税种对项目收益影响都较大，如果想让 BOT 模式下项目具有财务可行性，政府相关部门必须采取给予税收优惠、延长特许经营期或对特许价格进行调整等手段来提高项目的收益水平。从情景 2 和情景 4 的对比结果看，政府部门提供的税收优惠政策，大大降低了污水处理项目经营方的税收负担，保证了特许期内项目的财务可行性。

通过合理制定税收优惠措施，既能避免项目公司获得超额收益，又可以保证项目的财务可行性，进而吸引社会资本方更多地参与基础设施项目的建设与经营，提高社会福利。

三 税收政策变动风险导致项目再谈判

风险分配问题一直是 PPP 模式应用的研究热点，受多种不确定因素的影响，当项目运营期间风险因素发生变动时需要采取动态调节措施将项目风险在公私部门间进行重新分配。根据前期研究成果中关于 PPP 项目风险公平分担的原则，政策变动风险对经营方特许期内造成的损失，应主要由政府部门进行补偿，通常会采取一定的调价机制或延长项目的特许期。

如果采取延长特许期的方式，就该案例项目而言，从绝对值收益来看，为了保证经营者在特许期内获得税收政策变动之前的 NPV 收益水平，经过数值测算得出需要将项目特许期延长到 29 年；从相对收益水平来看，为了能获得不低于原来的 10.17% 的 IRR 值，特许期需延长到 33 年，如表 4-5 所示。如果采取调整特许价格的方式，要想使原特许期内经营者的 NPV 和 IRR 指标都不低于原预期水平，则需要将价格上调 4% 左右的水平。相关的测算结果如表 4-6 所示。

表 4-5　　　　　　　延长特许期的项目收益

年份	累积 NPV	IRR（%）
29	3727.27	9.86
30	3947.82	9.96
31	4154.10	10.05
32	4335.75	10.12
33	4516.98	10.18

表 4－6　　　　　　　　　　原特许期特许价格调整的项目收益

第 25 年	预期值	提高 2%	提高 3%	提高 4%	提高 5%
NPV	3748.01	3350.92	3600.46	3849.99	4099.53
IRR（%）	10.17	10.12	10.32	10.53	10.73

就这两种风险应对措施而言，虽然由政府出面保障了经营者的收益，但最终政策变动的风险是转嫁到了消费者身上，要么延长了消费者使用公共产品或劳务的付费期限，要么提高了消费者使用公共产品或劳务单位成本。就这两种措施相比较而言，调整特许价格的影响面较大，容易引起消费者集体不满；而延长特许期体现的是谁受益谁付费的原则容易被消费者接受。

第三节　公共项目社会折现率的合理确定

一　社会折现率的含义与特征

（一）社会折现率的含义及确定

社会折现率是指能够恰当地把整个社会未来的成本和收益折算为真实社会现值的折现率。社会折现率要体现一个国家、一个地区大多数人的意愿，受该经济区域内的社会生产率、社会时间偏好、环境保护和利用、资源耗竭程度、代际公平等因素的综合影响，因此，多年来社会折现率的测算与取值一直是令经济学家与实际工作者感到困扰的问题。许多研究者采用资本的社会机会成本（Social Opportunity Cost，SOC）和社会时间偏好率（Social Time Preference Rate，STPR）的方法对公共项目中折现率的确定进行了研究。

资本的社会机会成本体现了公共财政资金的紧缺，是以资金不用于政府的公共投资，而投入到其他领域所能创造的价值来衡量。社会时间偏好是指未来消费对现时消费的边际替代率，即社会因放弃现在消费进行投资而希望在未来得到的回报率，它由反映全体社会成员对不同时期消费的相对满意程度的社会时间偏好函数来确定。

由于分别用社会机会成本法与社会时间偏好率法确定社会折现率时会存在差异，实务中计算社会折现率时可以采用社会时间偏好率与社会机会成本的加权平均（Spackman，2004）：SDR = α × STPR + (1 − α) × SOC。其中，α 的确定非常关键，它代表社会一定时期内消费与投资的大致比例。评价公共项目所使用的社会折现率反映的是所有政府投资项目总的情况，因此可以用消费的边际倾向来解释α（谭运嘉、李大伟、王芬，2009）。

还有一种美国政府主要采用的确定社会折现率的方法，即采用政府的借款利率。这种方法的合理性体现在政府主要通过税收和政府债券的方式为公共项目融资，因此，社会折现率应该与长期债券的实际利率一致，以体现公共项目占用资本的实际成本。

（二）社会折现率与私人部门折现率的差异

20 世纪六七十年代的早期文献对公共部门与私人部门是否应该使用相同的折现率讨论得较多，并基本形成了较为一致的结论：公共部门使用的社会折现率应该比私人部门的低。

降低社会折现率会导致有更多的公共项目被证明是可行的，所以政府采用较低的社会折现率能反映出政府想提供更多的公共项目的意愿，但是，受到政府预算的限制，并不一定会达到这一目的。本来公私合作的出现及成功运作，将私人部门的资金用于公共项目建设，会使政府的这一意愿成为可能，可是实践证明，当公共部门采取较低的社会折现率时，通过对资金价值（Value for Money，VFM）的计算分析，可能会使 PPP 模式财务上不可行。

英国财政部 2003 年的绿皮书将社会折现率由原来的 6% 调整为 3.5%（HM Treasury，2003）。较高的折现率使 PPP 模式比传统模式能产生更高的 VFM，因为在传统模式下，项目的采购成本主要发生在头几年的建设阶段，而 PPP 模式下，项目的采购成本会分布在合同的整个寿命周期。而这次社会折现率较大幅度地下降意味着原本

能够实现少量 VFM 的项目，现在可能变得不可行了。Khadaroo
（2008）以北爱尔兰已实施 PFI 模式的三所学校为对象，检验其
VFM 的评价，发现当折现率由 6% 降低到 3.5% 时，传统的采购模
式比 PFI 模式更具有优势。

因此，当采用较低的社会折现率时，要想使 PPP 模式可行，就
需要私人部门在项目管理中表现出更高的效率，或者在项目的设计
和维护阶段进行更大的创新，以降低项目的运营和维护成本。但也
可能会导致两种情况：一是政府在财政资金紧缺的情况下，为了引
入私人资金保证公共项目的实施而允许私人部门在完工项目的运营
阶段收取更高的费用，减少了公众福利；二是为了追逐经济效益，
使 PPP 模式可行，而降低提供的产品或服务的质量。

（三）可持续发展框架下的双曲折现——一种递减的社会折现率

可持续发展的目的是要在经济发展、社会进步和环境保护方面
寻求一种平衡。社会折现率的选择对可持续发展目的的实现有重要
影响，具体表现在：第一，社会折现率和自然资源的可持续利用密
切相关，如果选择的社会折现率过高，会导致资源的过度开发和资
源的退化。第二，可持续发展观认为，人们现在的行为会对将来产
生重大影响，所以应以长远的眼光对现在的行为进行评价，解决好
代际关系的问题，应当给予当代人和后代人相同的发展权利。

在采用固定折现率的情况下，贴现因子呈指数化增长，比如
5% 的折现率，60 年后的未来的价值相当于折扣掉 95%，因为贴现
因子为 $1/(1+5\%)^{60}=0.05$。这意味着足够长久的远期效益对当前
决策时净现值的计算几乎没有影响。对于较为长期的投资项目，当
时间维度延长到与当前决策时代不同的时代时，折现的机理应该从
代内消费的跨期优化转变为跨越代际的消费分配问题。纯时间偏好
由是偏好当前消费还是以后消费，变为偏好由当代人消费还是偏好
后代人消费。

越来越多的经验证据表明，人们对未来进行评价时所接受的折
现率与时间的长度成反比，即时间越长折现率越低。于是形成了较

为一致的观点，社会折现率不应该是一个常数，而应该是一个关于时间的函数。亨德森和贝特曼（Henderson and Bateman，1995）以实证的方法得出了"双曲折现"的结论，通过对收集到的大量数据的研究表明，很多人的以指数形式表述的时间偏好，叠加到一起，最终形成双曲线形式。双曲贴现方法下折现率逐渐降低的特点更符合实际，更能够反映公众的意愿，更适用于解决公共投资的贴现问题。威茨曼（Weitzman，1998）提出了递减折现率的设想，该思想源于人们对将来认知的不确定性，如经济的增长、生态和环境的变化、资源的消耗或新的替代资源的出现，等等。如果认为折现率不是确定的，而是服从某种概率分布的随机变量，威茨曼证明了以复利公式折现的等效折现系数的"确定等量折现率"（certainty equivalent discount rate）是随时间而递减的。

从实践角度，递减折现率的思想可以缓和采用固定折现率可能出现的代际公平和资源配置上的困境。英国财政部2003年率先在政府项目的费用—效益分析中采用这种递减折现的方案（H. M. Treasury，2003）：3.5%（计算期0—30年段）、3.0%（计算期31—75年段）、2.5%（计算期76—125年段）、2.0%（计算期126—200年段）、1.5%（计算期201—300年段）和1.0%（计算期301年段以上）。法国也调整了其社会折现率，从统一使用8%的折现率改为两阶段法：1—40年内使用4%，接下来的年份降为2%（Anders，2006）。

由于代际间的社会决策时间跨度巨大，即使采用很低的贴现率，其在未来产生的效用贴现到现在也可能被严重低估。但是，在市场导向的经济体中，公共部门投资的社会折现率较市场利率过低，会导致低折现率部门浪费了高折现率部门的资源利用效率，造成资源配置的扭曲。另外，从公平角度，低折现率或零折现率表明当代人要比下一代人少消费多投资，让后代人能够多消费。如果承认人们的收入会随时间而增长，过低的社会折现率形成的投资与消费格局等于牺牲"穷"的一代，照顾"富"的一代。

二   我国公共项目投资社会折现率的合理确定

合理的确定社会折现率涉及两个问题：一个是折现方法的选择，另一个是折现率的确定。基于可持续发展观下，在具体确定折现率的取值时，既需要考虑同一代人之间的利益分配，又需要考虑代际的利益分配。

（一）可持续发展要求我国区域间适度协调

现实中社会折现率实际估算主要使用社会时间偏好率、资本的边际社会机会成本以及两者的加权平均三种方法，还有少数国家采用政府融资的利率来确定。发达国家和发展中国家社会折现率估算的理论基础普遍具有差异。发达国家估算其社会折现率的依据主要是本国的社会时间偏好率，而发展中国家社会折现率的理论基础主要是资本的边际社会机会成本，一些发展中国家或者多边发展银行则采用社会时间偏好率和资本的边际社会机会成本的加权平均值。

我国目前（《建设项目经济评价方法与参数》第三版，2006）就是采取的加权平均法，估算的社会时间偏好率为 4.5%—6%，资本的回报率为 9%—11%，加权平均后得到 8% 的社会折现率。现在的测算方法弥补了以前仅从生产角度计算社会折现率的不足，纠正了对社会折现率含义的片面理解，适应了我国投资体制改革的变化需要。但是，我国地域广阔，多年来，东部、中部和西部地区的发展呈现不平衡的态势。这些地区的经济发达程度、资金充裕程度不同，因此资金的社会机会成本不同；三地区居民的收入水平不同，则消费时的时间偏好也会不同；加权平均后三地区的社会折现率就会有差异。而目前我国建设项目经济评价参数中社会折现率采取统一取值，这不利于国家整体的可持续发展，对地区性政府投资项目的可行性评价会产生严重的影响，甚至做出错误的决策。

谭运嘉、李大伟和王芬（2009）结合三版中社会折现率的取值范围，用加权平均法通过测算，推算的我国分地区社会折现率分别为：东部地区 6%，中部地区 7%，西部地区 8%。针对我国的具体情况，采用这种分地区的社会折现率是一种正确的过渡方法，随着我国不同地区经济发展状况的改变，各类资源市场化程度的加强，地区收入水平差距的逐渐缩小，地区消费时间偏好不一致的减少等，再采取全国统一的社会折现率。

（二）合理确定经济的可持续增长速度

哈佛大学教授威茨曼（2001）在 2001 年《美国经济评价》上公布了一次由 48 个国家 2160 名博士水平以上的经济学家参与的问卷调查结果，该调查针对全球气候变化一类项目，让这些经济学家给出在不同时间上对效益和费用进行折现的折现率。结果呈 Gamma 分布，年折现率的样本均值 $\mu = 3.96\%$，标准差 $\sigma = 2.94\%$。另外，威茨曼还邀请了 50 位全球顶级的经济学家（大部分是诺贝尔经济学奖得主）回答同样的问题，结论是均值 $\mu = 4.09\%$，标准差 $\sigma = 3.07\%$，两项的结论很接近，因此，威茨曼的这项调查的折现率的均值为 4%，标准差为 3%。

先不考虑折现率的递减问题，在实践中，当前不同国家采用的社会折现率的取值分别为：英国 3.5%、德国 3%、日本 4%、欧盟 5%、意大利 5%、加拿大 10%、印度 12%、巴西 7.5%、俄罗斯 12%、中国 6%—8%，世界银行和亚洲开发银行等国际组织为发展中国家使用的社会折现率维持在 10%—12%。由此可见，各国对社会折现率的取值不同，这一方面是由于各国或机构采用的社会折现率的确定方法不同，另一方面是与各国资本的稀缺程度、经济增长速度的快慢和通货膨胀率的高低等多种影响因素有关。

在发达国家较为发达的资本市场上，融资渠道广、竞争激烈、市场开放程度较高，公共项目容易从市场上获得较低成本的资金；而在资本市场欠发达的发展中国家，资金较为短缺，债权主体之间缺乏竞争，因此从市场上获得资金可能需要较高的成本。所以从社会资本成本的角度而言，资本市场欠发达的国家的社会贴现率比资本市场较发达的国家而言高些。

用社会时间偏好率的方法来确定社会折现率时，社会贴现率分成两个部分：一部分是纯时间偏好率，另一部分是实际的经济增长率。经济增长速度对于社会折现率的影响可以体现在两个方面：首先，经济增长速度越快，社会对未来的消费水平的期望就越快，现在减少的消费量需要更多的未来消费量予以补偿；其次，经济增长速度越快，就意味着货币增值的速度越快，资本投资的回报率也越高。郝前进、邹晓元（2009）在对"金砖四国"社会折现率的影响因素进行分析时指出，中国、印度、俄罗斯、巴西在 2008 年金融危机之前的时期经济表现较为强劲，其经济增长速度、资本市场发达程度具有一定的共性，四个国家社会折现率（7.5%—12%）与发达国家（3%—7%）相比都比较高。

因此，我国在具体确定社会折现率的取值时，还应当在纯时间偏好的基础上，对我国的经济增长率进行合理的预测。

（三）采用差别社会折现率体现资源的优化配置

近期的文献中，越来越多学者倾向于采用递减的折现率，以期与可持续发展、生态和环境保护政策相协调。从福利分配的公平性考虑，许多学者主张采用零贴现率甚至负贴现率。由于代际间的社会决策时间跨度巨大，即使采用很低的贴现率，其在未来产生的效用贴现到现在也可能被严重低估。

但如前文所述，过低的社会折现率又会造成资源配置的扭曲。因此，有学者建议采取差别社会折现率的方法解决这一问题，Sáez 和 Requena（2007）提出了在一项成本效益分析的过程中使用两种折现率的建议：一种折现率适用于有形资产产生的成本和收益，另一种更低的折现率适用于无形的（如环境方面）成本和收益。

（四）采用递减的社会折现率实现代际公平

张颖、任若恩和黄筱（2008）通过发放问卷的方式，对我国代内和代际的贴现率进行了测算，在测算结果的分析中发现我国的代内贴现函数可能为指数贴现的形式，而代际贴现函数则呈现双曲贴现的形式，且代际贴现率与国家的经济发展程度负相关。

我国《建设项目经济评价方法与参数》第三版（2006）中明确指出，对于永久性工程或受益期超长的项目，宜采用低于 8% 的社会折现率，而且对于超长期项目，社会折现率可用按时间分段递减的取值方法。但其中没有给出递减的折现率的取值。

邵颖红和黄渝祥（2010）采纳威茨曼的权威性较高的问卷调查的折现率离散系数 $\sigma/\mu = 3/4$ 的比率保持不变，同时保留我国《建设项目经济评价方法与参数》第三版颁布的社会折现率8%（不低于6%）作为均值，计算出我国0—100年各年的递减社会折现率，并建议我国取整后的分段递减折现率为：计算期1—10年段为6%—8%，第11—17年段为5%，第18—28年段为4%，第29—50年段为3%，第51—100年段为2%，计算期大于100年段为1%。

由此可见，通过我国学者的论证，在递减社会折现率的合理性前提下，涉及代际问题的公共项目投资决策，可以参考上述的分段社会折现率的方法，以保证评价的科学和社会的可持续发展。

本章小结

本章首先介绍了PPP项目特许经营决策模型的基本原理，并分析了影响PPP项目决策的关键风险因素。当风险因素发生并对项目契约的可行性产生影响时，公私部门间不可避免地需要通过再谈判进行利益博弈。接着本章以污水处理PPP项目遇到的税收政策变动风险为例，分析政策变动风险对项目收益的影响，并验证了为保证特许经营者的合理利益应如何对项目契约进行调整。最后介绍了特许经营决策模型中政府部门应该采用的社会折现率的含义，并结合我国国情分析应如何合理确定社会折现率。

NPV法是PPP项目财务可行性分析最常用的评价工具，根据Shen等提出的BOTCcM特许期决策模型，在项目的全寿命周期视角下，通过分析特许经营阶段和后续经营阶段特许经营者和政府部门两个主体不同的利益要求，据以合理确定项目的特许经营期。特许经营者在特许经营期内要求在保证其最低收益的基础上获得相应的风险报酬，以期尽早收回投资，获取尽可能更高的投资收益。

财税〔2015〕78号文规定的污水处理业务增值税政策，对已实施的污水处理BOT项目特许期内经营方的收益水平产生了负面影响，为保障经营方能实现原预期的收益会引发公私部门间的再谈判，可考虑采取延长项目特许经营期的应对措施。结合案例分析的结果，企业所得税和增值税作为污水处理项目涉及的两大税种，对BOT项目特许期内的收益水平具有重大的影响，合理的征税是控制特许期内项目收益水平的重要手段，能够防止经营方实现超额收益，影响社会福利。但是，如果税负过重，又会影响特许期内项目的财务可行性，不利于吸引社会资本方的参与和BOT模式在基础设施项目中的应用。因此，税务部门应在进行充分测算的基础上，本着共赢的理念合理制定税收优惠政策，使税收政策成为调节公共项目收益的有效手段。这有助于提高社会资本方在我国公共基础设施建设项目中的投资积极性和投资效率，最终提高社会福利。

对PPP项目从政府部门的角度进行决策分析时，应使用与社会资本方不同的社会折现率。基于可持续发展观，我国在确定社会折现率时应考虑采取社会时间偏好率与资本的边际社会机会成本加权平均的方法，并存在分区域确定的过渡阶段。对涉及代际问题的公共项目，社会折现率的确定可以采取分阶段递减的方法。

第五章　全寿命周期视角下公私合作项目的特许经营契约设计

第一节　公私合作项目特许经营决策中存在的问题

一　忽视项目全寿命周期的整体运营效率

BOTCcM 模型在项目的全寿命周期视角下，通过分析特许经营阶段和后续经营阶段公私部门的利益要求以确定项目的特许经营期。首先，从社会资本方的利益出发，投资者要求两点：①能在特许期内尽快收回自己的投资额，保证对自己融资的偿还，同时还能达到项目预期的最低收益率；②在保证最低收益的同时，能够获得适当的风险报酬，将投资报酬实现最大化。社会资本方的利益可以用式（5-1）表示：

$$NPV_C = \sum_{t=0}^{T_o} \frac{CI_t - CO_t}{(1+r)^t} \geq I \times R \qquad (5-1)$$

其中，T_0 为特许期限；CI_t 为第 t 年的现金流入量；CO_t 为第 t 年的现金流出量；r 为考虑了利率及通货膨胀因素的折现率，$r = (1+i)/(1+I_f) - 1$（i 为银行贷款利率，I_f 为通货膨胀率）；I 为投资者的投资额；R 为投资者期望的投资报酬率。

其次，从政府部门的利益出发，政府部门也希望实现两点目标：①通过项目的建设和实施运行，能够为社会公众提供更优质的服务

或产品，特许价格在公众的承受能力并且被投资者所接受；②项目
以良好的运行状态回收，并且在后续运营阶段保证政府部门不会出
现亏损。政府部门的利益可以用式（5-2）表示：

$$NPV_G = \sum_{t=T_{o+1}}^{T_f} \frac{CI_t - CO_t}{(1 + r_f)^t} \geq 0 \qquad (5-2)$$

其中，T_f 为项目经济寿命期；r_f 为无风险利率；其他变量同式
（5-1）。

在特许经营契约的设计中，通过考虑整个经济寿命周期各利益
相关方的预期收益，构建由式（5-1）和式（5-2）组成的特许期
决策模型，该模型能够得到合理的特许经营期区间。但是，这种将
BOT 项目全寿命周期分割考虑的做法忽视了项目全寿命周期的整体
运营和管理，尤其是特许经营期企业自利行为对项目移交政府后的
后续运营阶段产生的不利影响。

二　契约不完全性诱发特许经营者的自利行为

在 PPP 项目中政府部门和特许经营者之间存在着利益分歧，政
府部门关注的是：项目提供产品或服务的能力和质量；项目是否最
大化地满足了社会公众的需求，实现了其服务性功能。而特许经营
者更关注项目的投资回收期长短和投资收益率水平。政府部门首先
需要考虑项目全寿命周期的整体运行效率，之后才考虑自身在后续
运营阶段的盈利能力。而社会资本方对项目的经营权有特许期的限
制，仅关注项目在特许期内的盈利能力，而不关心项目移交后能否
良好运行。由于政府部门和社会资本方的利益分歧，可能会对特许
经营模式下公共项目为社会服务的公益性特征造成一定的影响。

BOTCcM 模型为特许经营期的可行区间提供了依据，但特许期
的具体期限仍然需要由社会资本方和政府部门双方的博弈来确定。
PPP 项目的特许经营权需要通过招标方式获取，各社会投资者之间
会通过降低利润的方式进行竞争，竞争将导致中标企业在特许经营
期内的预期收益下降。因此，项目公司为了获得回报，就会采取自
利的短期行为，为了降低成本，提高利润，投资者会选择低劣的原

材料和较低的维护费用，甚至掠夺性经营项目，严重影响项目的服务质量和寿命周期。

随着不完全契约理论的发展，BOT 项目特许期决策模型存在的问题日益凸显。由于交易事项的不确定性、人们的有限理性以及信息的不完全性，使未来将要发生的事情不可能被完全预测到，而且明确各项权利和义务所需的成本过高，因此交易双方不可能就所有或然情况下双方的权责做出明确的界定，契约的不完全性必然存在。现有文献对 PPP 项目契约不完全性特点的分析主要是从不完全契约理论的相关假设出发，研究特许经营契约的履约难题。如 Keay 和 Zhang（2008）提出对个体利己主义的追求和相应的事后机会主义行为的分析是不完全契约研究的重点。Klick、Kobayashi 和 Ribstein（2009）从长期契约特点出发，论证了特许经营契约给缔约双方的投机主义提供了可行空间，强调了履约过程中的缔约方机会主义，提出交易双方会寻找和利用合同漏洞，这种投机行为会造成契约损失甚至交易失败。

此外，由于契约的不完全性，在项目的经营过程中，交易环境发生未预期到的变化，就会使当事一方的利益受损，影响契约的顺利执行。如果项目的经营环境超出预期，运营状态更加乐观，那么项目公司在项目特许经营期内就会获得超额收益；另外也就损害了社会公众的利益，违背了项目的公益性。反之，如果项目的经营环境出现不利变化，项目公司的收益远低于预期，甚至会面临无法收回投资的风险。

三　政府部门监管成为特许经营的薄弱环节

PPP 项目由政府部门所有但由项目公司经营的特点，使政府部门对特许经营者的监督管理成为保证公共产品或服务质量的重中之重。然而，我国在 PPP 模式和特许经营管理方面的政策和法律法规建设相对滞后，实务中对项目公司的特许经营行为缺少可依据的监管规范，无法满足高速发展的 PPP 模式的巨大需求。

政府机构通常是通过定期编制的财务报表和进行不定期的现场

检查来掌握设备的运行和维护状态，难以做到对项目实际运行状况进行实时监督管理，导致价值管理与实物管理无法吻合。这给经营方在特许期内出于自身利益最大化的考虑而采取一些自利性的逆向选择行为提供了机会，进而造成特许期满后所移交的项目资产质量难以达标，影响公共项目的后期服务质量。

第二节 全寿命周期视角下项目持续 经营选择权设计

一 公私合作项目全寿命周期运营成本的特点分析

根据 Shen 和 Wu（2005）的分析，在项目的特许经营期内，运行成本并非保持不变，而是呈现特许期初和期末的成本较高而中期成本较低的 U 形特征。这是由于在项目开始运营时，随着提供公共服务或产品的能力提升以及配套设施的逐渐完善，项目运行成本呈下降趋势；但是，随着设备的使用年限的延长，设备效率开始下降，各类维护和管理成本逐渐提高，项目运行成本将出现上升趋势。为了体现运营成本的这一特征，用式（5-3）表示项目实际年运营成本与平均年运营成本之间的关系：

$$C_a = kC_m \qquad\qquad (5-3)$$

其中，C_a 为实际年运营成本；C_m 为项目平均年运营成本；k 为运营成本调整系数，通过该系数的调整实现特许期初期和末期成本较高而中期成本较低的特点。当 k 小于 1 时，成本低于平均水平；当 k 大于 1 时，成本高于平均水平；运营期间 k 的平均取值为 1。根据成本模式假设，第 t 年的 k 取值用式（5-4）表示的二次函数来确定：

$$k = at^2 + bt + c \qquad\qquad (5-4)$$

模型从特许经营者的角度出发，将项目的特许期分为建设期和运营期两部分。为适当简化问题，本书假设 k 的确定函数是以运营期中点为对称轴的对称函数。因此，系数 k 可用式（5-5）表示：

$$k = a(t - t_m)^2 + c \qquad (5-5)$$

其中，t_m 为特许期内经营期的中点年份，$t_m = T_c + (T_o - T_c)/2$，$T_o$ 为项目的特许期，其中，包含的建设期为 T_c 年。假设运营期初和期末的成本是运营期中点成本的 n 倍，即 $k_{T_c} = k_{T_0} = nk_{t_m}$，$n$ 与项目运营期间实际发生的维护保养费用有关。从全寿命周期看，项目后期可能发生的维护费用越高，n 的取值越大。根据 k 的平均取值为 1，得到式（5-6）所反映的关系式：

$$\frac{1}{T_0 - T_c}\int_{T_c}^{T_0} k\mathrm{d}t = \frac{1}{T_0 - T_c}\int_{T_c}^{T_0}\left[a(t - t_m)^2 + c\right]\mathrm{d}t = 1 \qquad (5-6)$$

二　持续经营期限的确定原理

根据对项目各经营参数的预测值，可以确定项目的年净现金流量。由于年运行成本在项目后期的不断提高，使项目的年税后现金流量不断下降；最终在 $\mathrm{T'_o}$ 年时，项目的现金流入量与现金流出量相同，即 $\mathrm{T'_o}$ 年的净现金流量为 0。对项目各年净现金流量折现并逐年累加，得到项目全寿命周期的净现值曲线，如图 5-1 所示。

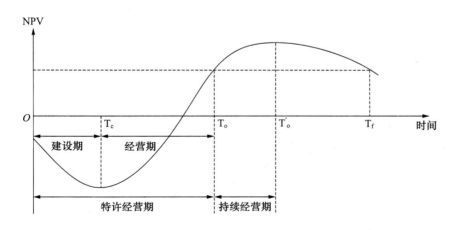

图 5-1　BOT 项目累积净现值曲线

特许期满经营方实现预期收益后将项目移交给政府部门，$\mathrm{T_o}$ 点之后的净现值曲线表示如果项目按照移交时的状况持续经营时将能够持续获得的收益状况。根据前述经营成本先降后升的变动特征，持续经营到达 T'_0 点时项目实现最大的净现值，随着经营成本的上升，在此点净现值曲线出现拐点开始逐年递减。如果经营年份继续延长净现值逐渐降低，在 T_f 点项目的净现值降到特许期满时收益水平，此点意味着经营方延长经营期限无任何意义。因此，以获得更高收益吸引特许经营者参与项目的持续经营时，政府部门进行契约设计时应将持续经营期限确定在 $T_0 - T'_0$ 阶段，赋予经营者在特许期满时选择是否继续经营该项目的权利。

三　持续经营选择权对企业自利行为的影响

污水处理项目中设备投资及更新重置所占的比例相对较大，且污水处理成本中折旧费的占比较高（原培胜，2008）。经营方对设备更新周期和折旧期限的选择会对项目特许期的现金流量产生较大的影响，出于特许期内利益最大化的考虑经营方会产生延迟对设备更新的自利行为。原因如下：设备折旧年限越短，每年计提的折旧额相对较高，虽然折旧的税收挡板作用相对明显，但企业对设备的更新投资额会相应增加，对于只考虑特许期内收益的经营方而言降低了其整体收益水平。相反，延长折旧年限，使每年计提的折旧额相对较低，虽然折旧的税收挡板作用有所降低，但这种方法使企业尽量推迟了设备的更新重置，减少了特许期内设备的更新支出，使经营方能够提前回收投资并在特许期内获得相对较高的收益。如图 5 - 2 所示，选择较长和较短折旧年限时项目的净现值曲线分别为 NPV_L 和 NPV_S，在特许期满 T_0 时点，选择较长折旧年限时 $NPV_{L1} > NPV_{S1}$。

由于信息的不对称和政府部门的监管难度较大，在特许期满项目移交时政府部门很难把握设备的成新度和运营质量信息，经营方的这种自利行为会给项目在特许期满后的经营带来不利影响。由于延迟了对设备的更新重置，设备使用中的维护和运营成本增加，且效率的下降还降低了公共产品或服务的质量。为保证质量，特许期满后的经营需要增加更新投入，更新投资的增加导致后续经营阶段项目的净现值曲线以较快的速度下降（如 NPV_L 所示），项目的整体收益水平大大降低且项目的经济寿命周期缩短。但是在设计了持续经营选择权赋予经营方选择继续运营该项目的权利后，经营方在进行设备更新决策时会重新衡量收益。如果选择持续经营，根据公共项目服务质量的需要选择较短的设备折旧年限及时对设备进行更新维护，企业反而可以在持续经营期内获得项目可能实现的最大收益，即 $NPV_{S2} > NPV_{L2}$。

　　对公共项目进行投资评价时应采取社会折现率进行货币时间价值的计算。鉴于公共项目具有的长期投资特性，其项目现金流折现的机理不仅涉及代际内消费的优化问题，还包括跨越代际的跨期分配问题。因此对于期限较长的公共项目，决策时的社会时间偏好由选择偏好当前消费还是以后消费，改为由当代人消费还是后代人消费的偏好选择。学者们从经验证据中形成了较为一致的观点，社会折现率不应该是一个常数，而应该是一个关于时间的递减函数。当采取递减的社会折现率对项目远期的现金流进行折现时，持续经营期设计带来的项目长期收益最大化的效果会更加明显。

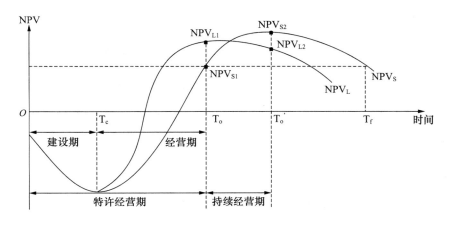

图 5 - 2　不同折旧年限项目 NPV 曲线

通过上述的效果对比分析可见，持续经营选择权的设计能够解决公共项目特许经营契约存在的不完全性，鼓励经营者进行理性的投资和经营决策减少其逆向选择行为，不仅使社会资本方获得更多的收益，避免其特许期满即退出项目后再投资新项目可能面临的风险；还能够提升公共项目的服务质量，延长项目的经济寿命，创造更大的社会效益。

第三节　全寿命周期视角下特许经营决策的案例分析

一　项目决策的相关参数计算

本节仍以第四章的佛山市三水污水处理 BOT 项目为案例背景，对持续经营选择权设计的效果进行验证。边军等（2009）曾经对污水处理项目设备折旧年限进行归类统计，不同类别设备的价值占比及折旧年限的取值区间如表5－1所示。首先根据占比情况计算三水污水处理项目各类设备的价值，其次确定各类设备折旧年限的取值区间，分别按较短和较长折旧年限两种情况估计项目的年折旧额。

为简化问题本书采取直线法计提折旧，假设期末无残值，设备提足折旧后立即进行更新重置，计算结果如表5－1所示。

表5－1　　三水污水处理厂设备折旧年限及年折旧额统计

折旧年限（年）	所占设备价值比例（%）	设备价值（万元）	较短折旧年限年折旧额（万元）	较长折旧年限年折旧额（万元）
5	1.90	73.15	14.63	14.63
6—8	0.40	15.40	2.57	1.93
9—10	26.20	1008.70	112.08	100.87
11—15	66.70	2567.95	233.45	171.20
16—20	4.80	184.80	11.55	9.24
小计	100	3850.00	374.28	297.87

二　项目年运行成本的模拟和持续经营期的确定

考虑到项目运营过程中的波动状况，为了反映项目经营的不确定性需要对项目参数的分布情况做出合理估计。本例中定义项目的污水处理量和特许价格均为正态分布，预期处理量的均值为 10 万吨/日，特许价格的均值为 0.85 元/吨，其标准差均为均值的 10%。

结合项目前述的经营参数信息，可以得出三水污水处理厂的年平均运行成本 $C_m = 1044.94$ 万元。根据前述对 BOT 项目运营成本的计算方法，对该项目的年运营成本进行预测。先不考虑经营者可能产生的自利行为，假设其具有长远眼光能够从提高公共项目服务质量的角度出发，采取相对较短的折旧年限及时更新重置设备，则运营后期的维护和保养费用相对较低，据此设定特许运营期末的成本是中点处成本的 2 倍，即 n = 2。将各参数代入式（5 - 5）和式（5 - 6）求得：a = 3/529，c = 3/4，进一步得出调整系数 k 和项目年运行成本 C_{a1} 如式（5 - 7）和式（5 - 8）所示。由于本项目建设期为两年，在建设期内项目运营成本为零，所以项目年运行成本从第三年开始进行测算。实务中污水处理 BOT 项目常见的特许经营期限为 25—30 年，为了对前述的分析结果进行验证，本章选定 35 年为项目收益水平的测算期。根据式（5 - 8）得出项目测算期内各年的运营成本如表 5 - 2 所示。

$$k = \frac{3}{529}\left(t - \frac{27}{2}\right)^2 + \frac{3}{4} \qquad (5 - 7)$$

$$C_{a1} = \left[\frac{3}{529}\left(t - \frac{27}{2}\right)^2 + \frac{3}{4}\right]C_m \qquad (5 - 8)$$

s. t. $t \geqslant 3$

表 5 - 2　　佛山三水污水处理厂测算期年运营成本预测

（采用较短折旧年限对固定资产计提折旧）

年限（年）	运营成本（万元）	年限（年）	运营成本（万元）	年限（年）	运营成本（万元）
t = 3	1437.04	t = 14	785.19	t = 25	1567.41
t = 4	1318.52	t = 15	797.04	t = 26	1709.63

续表

年限（年）	运营成本（万元）	年限（年）	运营成本（万元）	年限（年）	运营成本（万元）
t = 5	1211.85	t = 16	820.74	t = 27	1863.71
t = 6	1117.04	t = 17	856.30	t = 28	2029.63
t = 7	1034.08	t = 18	903.71	t = 29	2207.41
t = 8	962.96	t = 19	962.96	t = 30	2397.04
t = 9	903.71	t = 20	1034.08	t = 31	2598.52
t = 10	856.30	t = 21	1117.04	t = 32	2811.86
t = 11	820.74	t = 22	1211.85	t = 33	3037.04
t = 12	797.04	t = 23	1318.52	t = 34	3274.08
t = 13	785.19	t = 24	1437.04	t = 35	3522.97

我国学者邵颖红和黄渝祥（2010）经过论证后建议，我国的社会折现率分段递减的取值为：计算期 1—10 年段为 6%—8%，第 11—17 年段为 5%，第 18—28 年段为 4%，第 29—50 年段为 3%，第 51—100 年段为 2%，计算期大于 100 年段为 1%。本书认同递减的社会折现率的合理性，借鉴学者的研究成果，根据项目投资时中国人民银行长期贷款利率由 6.12% 上浮 10% 后，在 1—10 年段将项目的基准收益率确定为 6.732%，第 11—17 年段为 5%，第 18—28 年段为 4%，第 29 年以后为 3%。

根据对项目相关经营参数的界定，通过蒙特卡洛模拟计算理性选择折旧年限情况下项目的年净现金流量，并用递减的折现率模拟出项目截至各年的累积净现值的均值，如表 5 - 3 所示。

表 5 - 3　　　选择较短折旧年限时项目测算期累积 NPV 均值

年限（年）	累积 NPV（万元）	年限（年）	累积 NPV（万元）	年限（年）	累积 NPV（万元）
t = 0	- 6000.00	t = 12	- 1249.49	t = 24	6031.88
t = 1	- 11153.09	t = 13	- 313.48	t = 25	5529.78
t = 2	- 11153.09	t = 14	- 674.65	t = 26	5955.07
t = 3	- 10342.78	t = 15	168.41	t = 27	6297.31

续表

年限(年)	累积 NPV(万元)	年限(年)	累积 NPV(万元)	年限(年)	累积 NPV(万元)
t = 4	− 9142.97	t = 16	1001.10	t = 28	6562.29
t = 5	− 7966.37	t = 17	1795.11	t = 29	6906.26
t = 6	− 6826.16	t = 18	2590.82	t = 30	6736.4
t = 7	− 5722.78	t = 19	3328.01	t = 31	6934.49
t = 8	− 4723.03	t = 20	4071.54	t = 32	7040.95
t = 9	− 3731.68	t = 21	4330.26	t = 33	7035.60
t = 10	− 2786.37	t = 22	4964.99	t = 34	6976.16
t = 11	− 1712.51	t = 23	5518.21	t = 35	6752.47

表 5 - 3 中的测算结果显示，项目的累积净现值在第 32 年达到最大值。因此，在特许经营协议中增加持续经营选择权条款时，为激励经营者理性决策吸引其行使持续经营选择权，应在 25 年的特许经营期之外约定 7 年的持续经营期，以实现经营者利益的最大化。

三　持续经营选择权对经营者自利行为的修正

当企业出于自利动机尽可能延长设备的使用年限，以减少运营期内设备再投资支出时，其不及时更新设备的行为会导致经营后期设备大修和维护费用上升，并对项目特许期后的运营产生负面影响。因此，假设经营期末成本是经营期中成本的 4 倍，即 n = 4。同前述方法可得，在选择较长折旧年限时，项目年运行成本 C_{a2} 如式（5 - 9）所示，同样，项目年运行成本仍从第三年开始测算。对测算年份内年运营成本的估计结果如表 5 - 4 所示。

$$C_{a2} = \left[\frac{6}{529} \left(t - \frac{27}{2} \right)^2 + \frac{1}{2} \right] C_m \qquad (5 - 9)$$

s. t. $t \geqslant 3$

表 5 - 4　　佛山三水污水处理厂测算期年运营成本预测
（采用较长折旧年限对固定资产计提折旧）

年限(年)	运营成本(万元)	年限(年)	运营成本(万元)	年限(年)	运营成本(万元)
t = 3	1829.14	t = 14	525.43	t = 25	2089.88
t = 4	1592.10	t = 15	549.14	t = 26	2374.32

续表

年限（年）	运营成本（万元）	年限（年）	运营成本（万元）	年限（年）	运营成本（万元）
t = 5	1387.77	t = 16	596.54	t = 27	2682.47
t = 6	1189.14	t = 17	667.66	t = 28	3014.33
t = 7	1023.21	t = 18	762.47	t = 29	3369.88
t = 8	880.99	t = 19	880.99	t = 30	3749.14
t = 9	762.47	t = 20	1023.21	t = 31	4152.11
t = 10	667.66	t = 21	1189.14	t = 32	4578.77
t = 11	596.54	t = 22	1378.77	t = 33	5029.14
t = 12	549.14	t = 23	1592.10	t = 34	5503.22
t = 13	525.43	t = 24	1829.14	t = 35	6001.00

　　根据模拟的经营收入，扣减延长折旧年限后的运营成本数据重新计算项目每年的净现金流量，并贴现计算出截至各年的累积净现值的均值如表5-5所示。

表5-5　　选择较长折旧年限时项目测算期累积 NPV 均值

年限（年）	累积 NPV（万元）	年限（年）	累积 NPV（万元）	年限（年）	累积 NPV（万元）
t = 0	-6000.00	t = 12	-966.25	t = 24	6014.31
t = 1	-11153.09	t = 13	-470.82	t = 25	6312.34
t = 2	-11153.09	t = 14	547.17	t = 26	6542.25
t = 3	-10597.14	t = 15	1495.28	t = 27	6657.55
t = 4	-9572.21	t = 16	2384.36	t = 28	6675.14
t = 5	-8505.04	t = 17	3218.06	t = 29	6559.6
t = 6	-7414.75	t = 18	2807.23	t = 30	6292.14
t = 7	-6321.55	t = 19	3621.95	t = 31	5893.45
t = 8	-5299.36	t = 20	4381.15	t = 32	5297.51
t = 9	-4225.04	t = 21	5061.36	t = 33	3205.74
t = 10	-3223.17	t = 22	5623.79	t = 34	2326.78
t = 11	-2074.29	t = 23	5585.94	t = 35	1259.2

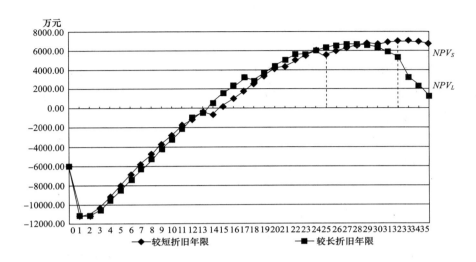

图 5 - 3　不同折旧年限案例项目累积 NPV 曲线

　　根据表 5 - 3 和表 5 - 5 的信息，绘制较短折旧年限和较长折旧年限下项目累积净现值曲线，分别为图 5 - 3 中的 NPV_S 和 NPV_L。测算结果显示，在没有设置持续经营选择权时，特许期 25 年内项目的两项财务指标分别为：采取较短折旧年限时项目净现值均值 NPV_{S1} 为 5529.78 万元，采取较长折旧年限时项目净现值均值 NPV_{L1} 为 6312.34 万元；采取较短折旧年限时项目的内部收益率 IRR_{S1} 为 9.47%，采取较长折旧年限时项目的内部收益率 IRR_{L1} 为 9.81%。采用较短折旧年限时项目的净现值和内部收益率相较于较长折旧年限时都偏小，也就是说，在没有持续经营选择权时，特许经营方出于利益最大化的选择，通常会选择采用尽可能延长设备折旧年限的做法，以减少资产在特许期内的更新重置成本，实现更大的特许期内收益。

　　下一步假设在特许经营协议中增加持续经营选择权条款，持续经营期限确定为 7 年，给予特许经营者在特许期满时选择是否继续经营该项目的权利。如果企业选择该持续经营权，数值模拟后得到特许经营方在持续经营期满即第 32 年时的两项财务指标分别为：采取较短折旧年限时项目净现值均值 NPV_{S2} 为 7040.95 万元，采取较长折旧年限时项目净现值均值 NPV_{12} 为 5297.51 万元；采取较短折旧年限时项目的内部收益率 IRR_{S2} 为 9.82%，采取较长折旧年限时项目内部收益率 IRR_{12} 为 9.70%。此时结果出现变化，缩短折旧年限提高设备更新频率使经营者的长期收益得到明显上升。

案例分析的结果显示：如果特许经营者具有战略眼光在特许期内选择较短折旧年限，那么经营者若特许期满时会行使持续经营选择权；反之，如果其在特许期内为了追求短期利益，选择了较长的折旧年限，那么在特许期满时会放弃持续经营选择权，选择移交项目，终止经营。但是，经营者若选择较短折旧年限并行使持续经营选择权，在项目的整个运营期内其获得的收益 NPV_{S2} 要大于经营者选择较长折旧年限放弃持续经营选择权时仅在特许期内获得的收益 NPV_{S1}。因此持续经营选择权的设计能够修正特许经营者在特许期内的自利行为，在实现自身利益最大化的同时，也保障了公共项目较好的运营质量。此外，从两条 NPV 曲线的趋势还可看出，选择较短折旧年限提高设备更新频率能够延长项目的经济寿命，更好地满足社会公众的利益。

为了说明折现率因子对本书研究的影响，分别将单一折现率和递减折现率两种变量假设下的项目 NPV 指标模拟结果的均值列示于表 5-6。对特许期满和持续经营期满两个时点经营者相关财务指标的对比结果显示：无论是采用单一折现率还是递减的折现率，经过案例分析都对我们前面的理论分析结果进行了验证。由于递减的社会折现率能更合理地体现出项目远期现金流对项目收益的影响，因此使用递减的社会折现率时持续经营期间项目的长期收益会有更大幅度的增长。这种项目长期收益的增长效果会对特许经营者产生较强的吸引力，进而能更好地避免其自利性的短视行为。

表 5 - 6　　　　　　　折现率因子对项目收益指标影响的对比

NPV 均值/万元	特许经营期		持续经营期	
	较长折旧期	较短折旧期	较长折旧期	较短折旧期
单一折现率	3663.92	3079.38	3419.08	3769.29
递减折现率	6312.34	5529.78	5297.51	7040.95

本章小结

　　本章首先分析了公私合作项目特许经营决策模型中存在的问题，然后从项目的全寿命周期视角出发，通过在项目契约中设计持续经营选择权条款，以激励项目经营方合理地做出设备的更新决策，并结合案例验证了持续经营选择权的设计对修正经营者的短期决策行为的有效性。

　　目前，关于 BOT 项目特许期决策的大多数研究都将特许期和后续运营期分割考虑，忽视了项目全寿命周期的整体运营效率，再加上特许经营模式下政府部门对项目运营的监督难度，使得与公共部门存在着明显利益差异的私人投资者为了实现自身利益最大化会产生道德风险和逆向选择行为。特许经营方会利用 BOT 特许经营契约的不完全性特点，采取自利性经营决策，对特许期满后政府部门后续运营阶段产生不利影响，并损害社会公众的利益。

　　公共部门多元和复杂的目标、拥有的政治权威及其采取的一些规制措施，都增加了项目合同执行和修改的不确定性，这使得 PPP 项目的契约关系更为复杂。特许期满后会有越来越多的 PPP 项目涉及移交问题，如何保证所移交项目的资产质量和移交后的运营管理效率必须引起政府部门的关注。因此，应从全寿命周期的视角研究如何通过契约的设计与优化，促使 PPP 项目实现预期的经济和社会效益。参照点契约理论的创新与发展为 PPP 项目契约效率的研究提供了强有力的理论工具。剖析参照点效应如何对 PPP 项目缔约过程产生影响，从全寿命周期的视角设计特许期内的风险收益分配方案，并通过持续经营期实物期权激励机制的设计提高 PPP 项目的整体效率具有重要意义。

根据 PPP 项目的不完全契约特点，考虑 PPP 项目经营方可能存在的自利行为，在特许经营契约中增加持续经营选择权条款，并根据 PPP 项目经营成本的变动特征设计持续经营期的确定方案。通过案例分析，证明了经营方出于自利心理会在设备折旧年限的选择上做出有利于自己但有损于项目整体效益的短期决策行为，并结合案例验证了持续经营选择权的设计能够修正经营者的短期决策行为。另外，持续经营选择权的设计能够延长项目的经济寿命，并从全寿命周期的视角提高项目的运营效率，更好地满足社会公众利益。

该研究设计能够使 BOT 特许经营不完全契约得到优化和完善，具有重要的理论价值和现实意义。该研究结论能够在实现共赢的理念下促进政府部门与社会资本方在公共项目投资中的长期合作，通过促进经营方的理性决策，有助于延长公共项目的经济寿命，提高我国快速发展的基础设施建设项目的中长期效率，实现社会效益的最大化。

第六章　公私合作项目控制权和现金流权的计量方法与配置方案

第一节　公私合作项目控制权与现金流权的计量方法

一　股份制企业控制权与现金流权的相关研究

拉·波塔、德·洛佩兹和施莱弗（La Porta, De Lopez and Shleifer, 1999）通过寻找公司股东之间的关联关系，追溯公司股东背后的实际控制人来确定公司的终极控制权和现金流权，并开创性地对"现金流权与控制权的分离"问题进行了研究。这一方法在公司股权结构、控制权结构的研究中被广泛应用。国内外学者通过实证研究法，从控制权与现金流权分离的作用机理、两权分离引发的代理成本对公司价值的影响以及影响程度等方面寻找新的着眼点，不断深入，取得了很多研究结论。

鉴于控制权与现金流权分离问题的重要性，中国证监会发布的《公开发行证券的公司信息披露内容与格式准则第 2 号》（2007 年修订）要求，上市公司在年报中应当披露其实际控制人信息，并以方框图和文字的形式告诉信息使用者公司与其实际控制人之间的控制权关系。

（一）控制权与现金流权的含义

1. 终极控制权

随着对股份制企业股权结构研究的深入，学者们发现股权集中的现象在大多数国家十分普遍。终极控制权是指处于股权控制链条最终端的终极控制人在公司所拥有的实际控制权。终极控制权可以采取直接投资或间接控制。间接控制时最终控制者采用金字塔结构、交叉持股或双重持股等方式实际控制企业，导致终极股东的控制权和现金流权产生偏离，达到用较小的现金流权而实际控制公司的目的。根据拉·波塔、德·洛佩兹和施莱弗（1999）、格拉森斯等（Claessens et al.，2002）的研究，控股股东的控制权用其控制链上最弱的投票权之和来表示。直接控制情况下的控制权比例为该条控制链上最小的控股权比例；间接控制情况下，上市公司往往存在多条控制链，计算每条控制链中最小的控股比例之和得到控制权比例。

2. 现金流权

现金流权也称所有权，是指股东在公司正常的经营利润中所占的份额。现金流权用以反映终极控制人对上市公司持有的所有权。对终极控股人的现金流权的计量是将控股股东持有的上市公司的所有权权益比例进行累积而得到。当上市公司只有一条控制链时，现金流权就是此控制链条上所有链间控股比例的乘积；但若是有多条控制链时，现金流权比例等于每条控制链上控股比例的乘积之和。

（二）控制权与现金流权分离对企业价值的影响

通过金字塔结构、交叉持股、设置高低投票权等多种方式，终极控股股东可以增强对公司的控制权，造成控制权与现金流量权不一致，这种现象被称为控制权与现金流量权的分离（La Porta，De Lopez and Shleifer，1999）。这种两权分离产生了控股股东与少数股东之间的委托—代理关系，在公司项目投资决策、公司控制权转移和公司规模扩张等方面产生代理成本，大股东与中小股东的利益分歧成为公司治理的主要矛盾（Claessens et al.，2002）。两权分离使终极控制人产生道德风险的可能性很高，终极控制人只拥有公司较少份额的控制权，却能够通过各种侵占公司资源的方式获得较高的侵占收益，导致代理成本提高，公司绩效下降。

　　控股股东往往通过占用或转移被控制公司的资源来掏空（Tun-neling）公司。控股股东还偏好于采取风险型融资策略，分享风险型融资的大部分收益。风险型融资策略下，公司一旦遇到经营困境甚至破产，由于只拥有相对较小的现金流权，终极控制股东只需承担破产损失中对应于现金流权部分的较小额度，破产风险造成的大部分损失将由中小股东和债权人来承担。而且，公司遇到破产危机时，借助于金字塔结构和交叉持股等手段，终极控制股东的身份具有很强的隐蔽性，其声誉也不会受太大影响（Boubaker，2005）。

　　拉·波塔等（1999）分析了 27 个富裕国家的所有权结构，发现上市公司中普遍存在着控制权与现金流权分离的现象，且公司绩效与控股股东的两权分离程度呈负相关关系。格拉森斯等对东亚1301 家上市公司的数据分析后得出，控制权与现金流权之间较大的分离将导致公司绩效较大的下降。国内学者李善明、王德友和朱滔（2006）、邹平和付莹（2007）以沪市上市公司在不同年份的数据为基础，通过实证分析后得出了相同的结论，即控制权与现金流权的分离程度与公司绩效呈负相关性。苏启林和朱文（2003），谷祺、邓德强和路倩（2006）针对我国家族上市公司的控制权与现金流权的分离进行了研究，发现家族企业两权分离系数越大家族企业的价值越低。

　　虽然两权分离的情况下，控股股东会利用较高的控制权对公司价值产生"负的侵占效应"，但拉·波塔等同时指出当其他条件一定时，如果提高现金流权，则会激励控股股东减少侵占行为，反而会实现提高公司绩效的效果，因此合理配置控股股东的现金流权对公司价值具有"正的激励效应"。

　　经营性公共项目 PPP 融资模式下，尽管学者们研究的 HSV 模型、BG 模型和 FM 模型为公共项目控制权的配置问题提供了理论基础，但代表公共部门的投资主体与私人投资主体共同出资组建项目公司运营项目时，如果为了解决财政资金不足的问题，吸引到更多私人投资者的资金参与公共项目投资，公共投资主体和私人投资者之间也存在着金字塔结构、交叉持股等现象，因此 PPP 项目中同样会存在控制权与现金流权分离的问题。

总结股份制企业控制权与现金流权分离的相关研究结论，这种两权分离引发的代理问题同样会对 PPP 项目的价值产生不利的影响。但目前少有文献从两权分离的角度分析该代理问题对 PPP 项目控制权配置的影响，也少有文献从如何提高现金流权配置的角度，讨论如何发挥现金流权对公司价值具有"正的激励效应"。

二　公私合作项目控制权与现金流权的问题分析

股份制企业控制权与现金流权的分离是终极控股股东追求自身利益最大化的行为选择，但导致大股东与中小股东和债权人之间的利益分歧，并影响到公司价值的实现。这种两权分离的现象成为公司治理的研究热点。借鉴学者们对股份制企业控制权与现金流权进行分析的思路，在横向合作关系的 PPP 项目中也存在着控制权与现金流权分离的现象，影响了公共项目的社会效益和经济效益的实现。

BOT 作为 PPP 融资模式下公私部门间纵向合作关系的典型代表，是在我国基础设施领域应用较为广泛的模式。BOT 模式下，项目公司由私人投资主体或其联合体完全投资，而且 BOT 项目的投资链条相对比较简单，一般不存在金字塔结构和交叉持股等现象，因此，BOT 模式下私人控股股东对项目公司的控制权比例与现金流权比例往往不会出现较大分离。但根据不完全契约理论，BOT 项目协议的不完全性很容易导致剩余控制权问题的产生。

（一）PPP 项目的投资主体

政府部门通过招标的方式选定参与公共项目投资的私人部门，由公共部门和私人部门共同组成项目公司（即特殊目的公司，Special Purpose Vehicle），然后以项目公司为主体完成项目贷款等融资活动。公共部门与 PPP 项目公司签订特许经营协议，授权项目公司在特许期内完成公共项目的投资、建设及经营等任务。各利益相关者通过 PPP 项目风险的有效分担、收益的合理分配、公共部门的监督实现各自利益的最大化。

PPP 模式中的"公共部门"在我国指的是政府管理部门、公共事业管理部门或单位，具体代表公共部门参与项目投资活动的主体是国有企业。国有企业是指企业全部资产归国家所有，并按《中华人民共和国企业法人登记管理条例》规定登记注册的非公司制的经济组织，其资产的投入主体是国有资产管理部门。在中国，国有企业还包括由地方政府投资参与控制的企业。作为一种生产经营组织形式，国有企业的行为主要由政府的意志和利益所决定，是一种政府参与和干预经济的工具与手段。

"私人部门"则界定为以现代企业形式存在的公司、企业以及投资个人等私营机构，私人部门以营利为目的，自主经营、自负盈亏，追逐自身利益的最大化。在我国，可以将"私营企业"的主体扩大到具有独立法人资格的国有独资公司、国有控股或国有参股企业。

为便于后面的分析与计算，本书将 PPP 项目的投资主体按性质分为四类：第一类为国有企业，第二类为国有独资公司，第三类为国有控股或参股企业，第四类为没有国有资金投资的私营企业。根据上述投资主体的分类，绘制投资关系图如图 6-1 所示。相对于股份制企业而言，PPP 项目公司的投资主体相对较少，投资链条比较清晰。

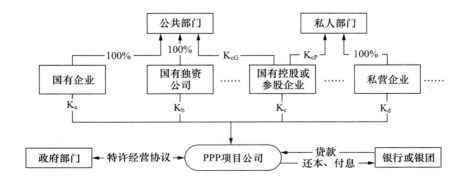

图 6-1　PPP 项目融资关系

（二）PPP 项目的控制权与现金流权及两权分离现象

根据 PPP 项目投资主体之间的关系，本书将 PPP 项目的控制权界定为位于股权投资链条终端的公共部门或私人投资者所持有的 PPP 项目公司的最终控制权。由于私人投资者中包括国有独资公司、国有控股或国有参股企业等类型的企业，受金字塔结构和交叉持股的影响，使公私部门对 PPP 项目终极控制权的计算变得复杂。公共部门和私人投资者最终在 PPP 项目中持有的投票权比例需要根据各条投资链上最弱的投票权之和进行计算。越大型的 PPP 项目，因巨额投资需求，涉及的投资主体可能越多，各链条上的投票权也随之会相对分散。

现金流权代表股东能从公司经营利润分得的份额，用以度量终极控制人持有公司的所有权。PPP 项目的现金流权是指项目的终极控制方在 PPP 项目公司中所享有的所有权权益比例，用终极控制方每条投资链上链间投资比例的乘积累积求和来计算。

根据学者们考虑投资重要性、产品的公共化程度和公私部门双方对产品价值的评价等因素对 PPP 项目控制权的研究，对于我国这种正积极地推动 PPP 模式在经营性公共项目领域应用的发展中国家，为缓解财政资金不足的问题，促进 PPP 模式的推广，在特许经营期内，往往由私人投资主体掌握项目的最终控制权。因此，本书以私人投资主体掌握最终控制权的 PPP 项目作为研究对象，分析其控制权与现金流权之间的配置问题。

我们将 PPP 项目公司的投资主体分为国有企业、国有独资企业、国有控股或参股企业和私营企业四类，并设定四类主体对项目公司的投资比例分别为 K_a、K_b、K_c 和 K_d。本书将项目最终控制方分成公共部门和私人部门两类，并对每条投资链的链间结构进行简化。根据我国对国有企业的界定和本书对 PPP 项目公司投资主体的分类，公共部门对第一类投资主体——国有企业和第二类投资主体——国有独资公司享有 100% 的权益，而对第四类投资主体——私营企业的持股比例为 0。第三类投资主体——国有控股或参股企业由公共部门和私人投资者共同投资组成，其中，公共部门所占的持股比例用 K_{cG} 表示，私人部门的持股比例则为 K_{cP}。当有多家国有控股或参股企业投资 PPP 项目时，每个投资主体在项目公司中所占的投资比例表示为 K_{ci}，每个投资主体中私人部门所占的比例表示为 K_{cPi}，公共部门所占的比例则表示为 K_{cGi}。

根据该投资结构，私人部门作为终极控制人的控制权比例 VR_P 和现金流权比例 CR_P 的计算方法如式（6-1）和式（6-2）所示；当公共部门为终极控制人时，其控制权比例 VR_G 和现金流权比例 CR_G 的计算方法类似，如式（6-3）和式（6-4）所示。

$$VR_P = \sum_{i=1}^{n} \min(K_{ci}, K_{cPi}) + K_d \times 100\% \qquad (6-1)$$

$$CR_P = \sum_{i=1}^{n} (K_{cPi} \times K_{ci}) + K_d \times 100\% \qquad (6-2)$$

$$VR_G = K_a \times 100\% + K_b \times 100\% + \sum_{i=1}^{n} \min(K_{ci}, K_{cGi}) \qquad (6-3)$$

$$CR_G = K_a \times 100\% + K_b \times 100\% + \sum_{i=1}^{n} (K_{cGi} \times K_{ci}) \qquad (6-4)$$

因为 K_{ci} 和 K_{cGi} 或 K_{cPi} 的取值范围都介于 0—1，因此终极控制人对 PPP 项目的控制权比例 VR 大于其现金流权比例 CR，我们将这种现象称为 PPP 项目控制权与现金流权的分离。而且，各控制链的链条越长，链间结构越复杂，控制权与现金流权分离的程度就越大。较大的控制权将诱使终极控制人有较大的动力去侵占其他投资者的利益，而较小的现金流权却降低了侵占带来的损失。如果能发挥提高现金流权的正向激励效应，使 PPP 项目运营产生更高的价值，实现社会福利的最大化具有重要意义。本书以两个不同行业的 BOT 项目为例进行说明。

（1）潍坊—莱阳高速公路（潍莱高速）项目：该项目全长 140.64 公里，特许经营期 25 年，于 2024 年 7 月到期，项目由山东高速潍莱公路有限公司负责经营管理。从上市公司山东高速公路股份有限公司（山东高速 600350）公开披露的 2012 年度的财务报告

资料获悉①，山东高速以定向发行股票的方式作为支付对价取得了
山东高速潍莱公路有限公司51％的股权，享有对潍莱高速公路项目
的控制权。根据山东高速这家上市公司的股东构成情况，如图6－2
所示，得出公共部门作为项目公司的终极控制人持有的控制权为
51％，而其现金流权为36.32％（71.21％×51％）。

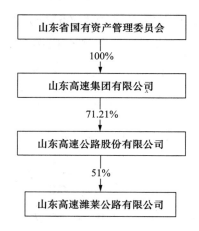

图6－2　潍莱高速项目控制权关系

　　（2）西宁市第二污水处理厂（一期）项目：2005年7月22
日，青海雄越环保科技有限责任公司（以下简称"青海雄越"）与
西宁市水务局签订特许经营协议，以BOT方式建设经营西宁市第二
污水处理厂（一期）项目，特许期共25年（含建设期）。上市公司
国中水务（600187）的2012年度财务报告披露的相关信息显示②，
青海雄越是国中水务（600187）的控股子公司，国中水务
（600187）持有该公司95％的股权。国中水务（600187）的控股股

---

　　①　山东高速股份有限公司，山东高速股份有限公司2013年年度报告，2014年3月
29日。
　　②　黑龙江国中水务股份有限公司，黑龙江国中水务股份有限公司2012年年度报告，
2013年4月18日。

东及实际控制人信息情况如图6-3所示，公司的实际控股人是李女士，她通过全资持有的 Rich Monitor Limited 对国中控股（HK）进行股权投资，进而间接地控股国中水务（600187）。另外，根据 2014 年 3 月 18 日更改公司名称及股份简称的公告，国中控股有限公司的名称更改为润中国际控股有限公司。根据上述持股关系得出，李女士作为项目公司的终极控制人持有的控制权为 16.99%，而其现金流权为 8.68%（16.99% × 53.77% × 95%）。

图 6-3　西宁污水处理项目控制权关系

（三）不完全契约属性引发剩余控制权配置难题

根据不完全契约理论，PPP 项目特许经营协议不完全性的现实存在，使契约双方无法事前规定好各种或然状态下当事人的权利和责任，协议执行期间可能出现的新问题，在事后也很难通过监督管理从根本上予以解决。这些受自然状态影响无法完全界定清楚的内容称之为剩余，而与剩余收益有关的一些权力称为剩余控制权。

　　PPP项目实施之前的初始协议中会就双方的剩余控制权配置以及项目收益的分配方案做事前约定，公私部门以此为依据进行项目投资。特许经营期内，受不确定事项的影响，项目的经营效益状况可观察但是无法事前准确预测和证实。如果交易环境发生变化，或者交易环境未发生大的变化，但是，当事人（一方或多方）未按照协议条款执行，都会导致项目某一投资方因无法实现预期利益而出现违约行为。当项目经营环境比事前预期更为乐观时，项目经营实现的收益远远高于项目原来的预期收益，根据初始协议中的收益分配方案，这将使私人投资者在特许期内获得超额收益，进而侵害了社会公众的利益。与此相反，当项目经营环境比事前预测得更为悲观时，项目的收益远低于预期值，严重时甚至会使私人投资者无法收回投资，为保护自身利益，私人投资者会提出与政府部门进行再谈判。

　　PPP项目各参与主体都知道，在不完全契约的前提下，即使事前达成协议也无法阻止项目经营期间出现的讨价还价的再谈判情况，但事前协议中权利配置得当与否将直接影响事后讨价还价的结果。

　　目前，PPP项目初始协议的约定对项目经营阶段可能出现的剩余权力的分配问题考虑不多，仅通过初始协议中设计的配置方案分配剩余收益可能会引起风险和收益的分配不公，而不合理的风险和剩余收益分配会导致私人投资者提高参与投资的必要报酬率，导致项目融资成本的上升和较高的公共服务收费水平，这不利于实现社会效益最大化。这种情况只能通过事后的再谈判来解决，讨价还价的再谈判过程提高了项目决策的成本。因此，事前对剩余控制权进行机制设计或制度安排必要而且重要。

第二节　公私合作项目控制权与现金流权的配置方案及功能体现

一　公私合作项目控制权与现金流权的配置方案

（一）合理配置横向合作关系下公私合作项目的控制权

股份制企业控制权与现金流权分离造成代理成本上升，使公司价值降低，还会对公司资本结构的选择行为产生负面影响。PPP项目中当某私人投资主体作为项目的终极控制人时，其逐利性目标和自利性动机会引发道德风险，负的侵占效应将导致公共部门或其他私人投资主体的利益受损。因此，对于关系国计民生的重要PPP项目，建议在项目投资决策时，对项目公司的股权进行合理设计，使终极控制权由公共部门掌握。

以北京地铁4号线为例，作为项目公司投资主体的基础设施公司是由北京市国有资产监督管理委员会出资成立的国有独资公司，首创集团是北京市国资委监管的全资国有公司，香港地铁公司是香港特区的一家上市公共事业公司。根据前面第三章介绍的各投资主体在项目公司的投资比例，按照PPP项目控制权的计算办法，该项目由公共部门掌握终极控制权，控制权比例为51%。

作为PPP项目终极控制人的政府部门身份具有特殊性，其不以营利为目的，以保障社会公众的正当利益为目标，因此，没有私人投资主体作为控制人时的那种通过侵占其他投资者和债权人利益实现控制权私利的掏空行为。

但是，公共部门参与PPP项目投资需要经过的三个通道中，国有独资公司情况较为特殊，其不设置股东会，由国有资产监督管理机构行使股东会职权。国有独资公司作为一种特殊的有限责任公司，以现代产权制度为指引，除投资者和股东人数与一般公司不同外，其具备有限责任公司的一般特征：以营利为目的，股东以其出资额为限对公司承担责任,公司以其全部法人财产对公司的债务承担责任。如果PPP项目中代表政府部门作为终极持股人的投资主体是国有独资公司,在其实现盈利目标的过程中,也会产生与政府部门目标不一致的现象,做出有利于投资者获利却影响社会公众利益的行为,从而产生代理成本。

另外,存在两权分离情况时,政府部门只拥有PPP项目相对较小的现金流权,PPP项目一旦出现经营困难甚至无法持续经营时,政府部门只需承担破产损失中对应于其现金流权部分的较小额度,破产风险造成的大部分损失将由私人投资者和债权人承担。经营性公共项目本身存在着投资额大、回收期长、收益率低的特点,项目建设与经营阶段的不确定因素较多,根据不完全契约理论,公共部门和私人投资者在签订项目的特许经营协议时,无法对未来的情况做出准确预测,导致PPP项目经营结果偏离预期目标。再加上两权分离引发的风险不对称问题,且两权分离的程度越高,对私人投资者和债权人越不利,这将严重影响私人投资者参与公共项目投资的热情。

学者们对股份制企业两权分离引发的代理成本和对公司价值的负面作用研究得较多,但就PPP项目而言,公共部门控制权的相对集中也有诸多正面作用。第一,终极控制人拥有足够的控制权,使其具有较强的动力监督PPP项目公司的管理层。第二,在PPP项目特许经营期、特许经营价格等关键变量的决策中,能更关注社会公众福利最大化的原则,在公私双方博弈时具有更多讨价还价的能力。第三,终极控制权的集中,使公共部门可以采取在PPP项目中派驻管理人员以监督公共产品或服务质量,掌握反映PPP项目实际经营状况的财务信息,解决信息不对称的问题,为合理决策提供支持。

(二)采取刚性契约设计锁定合理收益水平

针对横向合作关系的PPP项目产生的两权分离问题,借鉴股份制公司两权分离研究的结论,解决的办法是提高现金流权的分配比例。而针对 PPP 项目中存在的剩余控制权分配问题，最终还是落在对项目剩余收益的分配上。项目的剩余收益依赖项目经营期间产生的现金流量，可能实现超额收益，也可能发生难以接受的损失。因此，剩余收益的分配就是项目现金流权的分配问题。

根据哈特和穆勒（2008）提出的参照点契约理论，以初始契约为参照点，当交易活动中或然事项存在时，交易双方在缔约时有两种选择：一是签订柔性契约，双方可以根据未来的实际状况对初始契约进行调整；二是签订刚性契约。刚性契约虽然没有柔性契约动态调整权利分配的灵活性，但通过锁定缔约双方的权利分配，避免了某交易方因分配达不到预期而产生自身利益受侵害的心理感知，进而采取投机报复行为。

目前，我国政府部门与项目公司进行特许经营协议谈判时，通常的做法是，由政府部门首先根据预测的业务量确定出特许期，项目公司在规定的特许期的基础上测算收益，报出特许价格，最终纳入特许经营协议的均衡的特许期和特许价格需要公私部门经过博弈的过程来确定。PPP 项目的长期性意味着大量风险因素的存在，宏观经济环境对业务量的影响、技术进步的影响、替代产品或服务的出现等都会造成事前确定的固定特许期无法保障项目公司实现预期的合理收益。恩格尔、Fisher 和 Galetovic（2001）以高速公路 BOT 项目为分析对象，从理论上提出可以通过弹性特许期合同解决这一问题。实务中，一些国家也开始尝试采用调整特许期的做法分担项目风险，如澳大利亚墨尔本城际高速公路项目、美国的杜勒斯大道项目和英国的塞汶大桥项目等（宋金波、党伟和孙岩，2013）。

弹性特许期合同可看作是公私部门间签订的一种柔性契约，在收益一定的条件下，项目公司根据业务量的实际需求调整特许期，将项目经营风险部分转移给公共部门和使用者。但是特许期的调整需要在未来某些事项发生后由公私双方通过再谈判来确定，一旦谈判结果低于私人投资者的预期，其会产生利益受侵害的心理感知，采取减少项目资产维护开支、降低产品质量等投机报复行为。

根据参照点契约理论，本书建议采取刚性契约的方式对 PPP 项目的剩余控制权进行分配。以初始契约中根据项目相关变量预测的项目收益为参照点，通过在契约中合理设计与未来经营状况密切相关的现金流权分配方案，锁定刚性契约中双方都接受的合理收益率水平，当或然事项发生时，通过现金流权配置方案的自动调节，充分发挥提高现金流权的正向激励作用，只要在未来经营环境变化时，能使私人投资者不感到失望，就能够减少其投机报复行为，使参与合作的公私部门共同承担责任和风险、共享项目收益，实现合作方的共赢。

（三）调整现金流权分配路径解决剩余控制权的配置难题

公共项目 PPP 融资模式强调政府与私人投资者共同参与的理念，公共部门和私人部门共享彼此的技术和资产为公众提供服务和设施，期望通过公私部门的合作实现比公共部门单独投资公共项目更为有利的结果。由于合作各方之间不可避免地存在着利益和责任方面的分歧，只有政府与私营企业形成相互合作的机制，才能使合作各方的分歧相互协调，求同存异，完成项目的目标。

针对 PPP 项目特许经营协议的不完全契约性质，考虑到项目未来经营期间的不确定性，通过政府担保或收益分享等条款设计控制权与现金流权的配置方案，改变项目实现的经营收益在公私部门间按现金流权进行分配的原有路径，既保证私人投资者实现预期的收益，又使政府部门能够分享项目可能实现的超额利润，将私人投资者的收益率控制在合理水平。基于以上思路，本书对 PPP 项目控制权与现金流权配置的研究框架的构建，如图 6 - 4 所示。

当终极控制人利用控制权进行冒险型投融资决策时，即使项目失败，政府担保条款能保障私人投资者获得预期的收益，而且因担保条款的存在使政府部门履约时需要支付额外的成本，潜在的成本支出将限制作为控制人的公共部门的冒险型投融资行为。因此，政府担保通过使现金流权的配置偏向于私人部门来减少两权分离的不利影响。

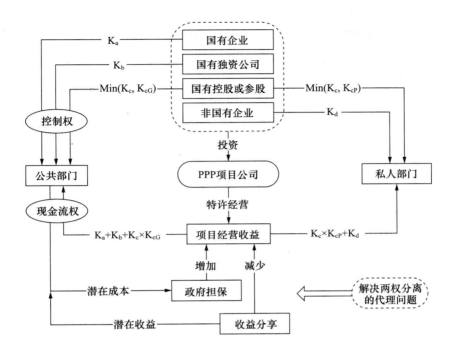

图 6 - 4　PPP 项目控制权与现金流权配置研究框架示意

当项目经营收益大大超出预期时，根据特许权协议的初始配置方案，无法控制私人投资者的超额收益水平，收益分享条款能够改变超额收益的分配路径，通过对现金流权的调整，使部分潜在收益流向公共部门，既控制了私人投资者的收益率，也为项目特许期结束后的政府经营阶段储备了资金。

二　公私合作项目控制权与现金流权的配置方案的功能

（一）充分发挥公共部门多重身份的作用

公私合作制不只是简单的项目融资和引资问题，体现的是公共部门新的治理模式。PPP 项目中公共部门具有多重角色，既要做项目的发起人及终极控制人，又要当公共产品或服务的消费者，同时还必须担任规则制定者和公共产品或服务质量的监管者。

公共部门作为项目的发起人，希望起到带动私人部门和民营资本参与公共项目的作用，而不是追逐营利目标，因此，公共部门不存在利用控制权侵占私人部门利益的自利行为。

作为 PPP 项目的消费者，希望以较低的成本享受到高质量的公共服务，但低成本高质量的要求会影响私人投资者获得高收益率的目标实现。

作为 PPP 项目规则制定者，期望通过控制权与现金流权的重新配置，完善 PPP 项目的治理机制，对私人投资者起到激励与约束的作用，保证项目满足正常经营效率的前提下，实现公共福利的增长。

经营性公共项目的建设关系国计民生，政府监督必不可少，作为公共产品或服务质量的监管者，要求项目公司在保障合理收益的前提下，尽可能提高公共产品或服务的质量，谋求社会利益的最大化。

（二）实现公私部门间风险共担收益共享的效果

政府担保和收益分享条款的组合，体现了公私部门间风险共担收益共享的精神。当项目实际经营情况比当初的预测值更为悲观时，政府部门承担的业务量保证或其他补贴形式，将引发政府部门承担的潜在成本支出，这将削弱政府部门的现金流权，且业务量保证的程度越高或私人部门获得补贴的门槛越低，私人投资者获得的补偿就越多，政府部门的或有财政负担就越重。特定的业务量保证能将悲观环境下特许期内的项目收益调整到特许协议签订初期的预期状态。

当项目实际经营情况比当初预测的更为乐观时，收益分享条款使政府部门能够分享项目实现的超额收益，增强政府部门的现金流权。超额收益的分享使私人投资者在项目特许期内的收益水平得到合理控制，将项目收益降到原来的预期值。

即便经营环境波动不大的情况下，政府担保与收益分享条款的组合，也能为私人投资者提供更为优越的投资条件。项目建造完毕开始运营的初期，业务量水平相对较低，难以达到预期，政府提供的业务量担保能够使特许经营者获得被担保业务量与实际业务量差额部分的补偿，这种担保能缩短私人投资者的投资回收期。当项目进入正常经营阶段，通过收益分享条款改变项目现金流权的分配以调整私人投资者的回报，使政府部门分享项目经营的收益，而且这些收益能够弥补政府部门因提供担保而支付的成本。通过现金流权的重新配置后，特许经营者的收益曲线得到优化，更有利于吸引私人投资者参与公共项目投资。

（三）增强成本意识体现成本效益原则

鉴于 PPP 项目的公共品属性，政府部门需要在私人投资者和社会公众之间均衡其利益关系。不同的政府担保形式能够转移一部分基础设施项目在融资、建设和运营管理等阶段经营者面临的风险，有利于将社会多方投资者的资金和技术吸引到基础设施项目建设中，提升项目完工进度和项目完工质量，实现特定的社会价值目标。但同时政府部门也因此承担了未来可能发生的提供补助的义务，这给政府财政带来潜在的压力。

政府担保水平必须与基础设施项目的融资需求相匹配，过低的政府担保会降低社会非政府投资主体投资的意愿，达不到对项目高效运营的激励；过高的保证水平又会增加政府财政的负担和风险。本书认为政府部门通过在特许权协议中增设相关条款改变现金流权配置时，仍然需要遵循成本效益原则，不能迫于财政困难急需吸引私营主体的资金而提供过度担保，忽视潜在成本，引发财政风险。

本书所建立的政府担保与收益分享组合方案是一种适应项目经营环境周期性变动的公私部门间项目风险和收益的自动调节机制。经营环境恶劣时，政府部门因承担较多风险而负担较高成本，但经营环境好转时，政府部门即可通过分享剩余收益获得相应的补偿。

第三节　政府担保措施对公私合作项目现金流权配置的调节

政府担保对公共部门而言意味着潜在的成本支出，而对私人投资者而言是一种或有收益权。根据七种能够货币化定量描述的政府担保的具体内容，可以将其分成以下三类：

一　财务担保类政府担保

前面所列举的政府担保形式中，银行贷款担保和外币贷款中的汇率风险担保都属于财务担保合同。就 PPP 项目中的银行贷款担保而言，与一般的银行贷款担保不同，政府部门要不要替私人投资者清偿贷款，主要取决于私人投资者在项目运营期间取得的收入是否能够达到项目预期的收益。

因为 PPP 项目实施的缘由之一就是要利用私人投资者管理项目的先进水平，降低项目运营成本，各种政府担保的目的是转移私人投资者面临的市场风险。所以，如果是因为项目运营的实际收入不理想而影响到贷款清偿，私人投资者可申请行权，政府必须兑现承诺，承担清偿贷款的义务。但如果运营收入达到了预期，而是因为私人投资者运营成本控制不好造成的无法清偿贷款，这种私人投资者自身的经营风险，政府是不承担清偿责任的。所以，这种政府担保其实是以项目运营收入为标的变量的一种看跌期权。同理，外币贷款中的汇率风险担保，是属于以汇率为标的变量的一种看跌期权。只是政府担保具有的看跌期权性质，与一般看跌期权唯一的不同是政府担保往往是私人投资者免费获得的。

二　业绩担保类政府担保

对于运营收入担保、固定投资回报担保、政府提前接管保证这三种担保形式，都是指当项目未来的运营收入达不到预期的标准，使私人投资者无法获得必要的报酬时，政府按照担保协议，给予私人投资者一定额度的补偿。只是三种担保措施下，政府具体支付义务的确定方式不同。

运营收入担保中，常见的形式有在项目的特许经营期内，如果项目的运营收入达不到项目预期的运营收入（或达不到预期运营收入的一定比例，比如有些项目规定60％），政府需要履行支付义务，向私人投资者支付实际运营收入与预期运营收入（或60％的预期运营收入）之间的差额部分。反之，政府不履行支付义务。

固定投资回报担保，指政府承诺当私人投资者从项目运营中取得的净收益率达不到某一投资收益率指标时，政府会根据投资额与收益率的差额补偿私人投资者。反之，政府不履行支付义务。由于项目运营成本的控制属于私人投资者的责任，所以收益率的大小主要还是取决于运营收入的大小。

政府提前接管担保，当环境因素发生变化，导致项目预期的收入长期低于某一水平时，赋予私人投资者可以将项目的所有权或运营权提前移交给政府部门的权利，并获得一笔转让的补偿款。

由三种担保的内容可见，这三种政府担保都具有看跌期权的属性，其价值变动所依据的标的变量均为项目未来的运营收入，其目的都是在标的变量下降时，对期权持有者（即私人投资者）起到保护作用。需要说明的是，政府提前接管担保和固定投资回报担保具有标准期权的特点，而运营收入担保则属于障碍期权。因为标准期权的价值函数只受期权到期日这一时点基础资产价格变动的影响，而与基础资产的价格变化过程无关。而障碍期权的价值函数不仅与期权到期日基础资产的价格有关，还受整个期权有效期内基础资产价格的变化过程的影响。它取决于期权有效期内基础资产的价格是否达到了某一预先设定的障碍值，所以是一种路径依赖期权。

三 其他能用货币表现的政府担保

与前两类政府担保不同，对于不可抗力担保和政策担保可能引起的政府支付义务，风险因素导致的可能发生的意外事件的概率难以估计，而且意外事件发生后政府可能支付的资金额也难以合理估计。借助于张国兴、郭菊娥和赵强兵（2009）提出的 PPP 项目政府担保估价中具有跳跃—扩散过程的估价模型，用泊松运动的两个控制变量——跳跃度和突发事件来揭示不可抗力担保和政策担保对估价的影响，运用数值分析方法反映出这两种政府担保对政府部门而言的潜在成本，从另一个角度而言即为私人投资者获得的剩余收益补偿。

本章小结

本章借鉴学者们对股份制企业控制权与现金流权分离现象进行研究的思路，结合 PPP 项目的业务特征，通过对 PPP 项目投资主体进行重新分类，确定了 PPP 项目控制权与现金流权的计量方法，并分析了 PPP 项目可能存在的两权分离问题。根据 PPP 项目投资主体之间的关系，PPP 项目的控制权界定为位于股权投资链条终端的公共部门或私人投资者所持有的 PPP 项目公司的最终控制权。公共部门和私人投资者最终在 PPP 项目中持有的投票权比例需要根据各条投资链上最弱的投票权之和进行计算。PPP 项目的现金流权是指项目的终极控制方在 PPP 项目公司中所享有的所有权权益比例，用终极控制方每条投资链上链间投资比例的乘积累积求和来计算。

由于 PPP 项目特许权协议所具有的不完全契约属性，使公私部门间无法事前规定好各种或然状态下双方的权利和责任，引发剩余收益分配的新问题。PPP 项目实施之前的初始协议中会就双方的剩余控制权配置以及项目收益的分配方案做事前约定，以此为依据公私部门进行项目投资。特许经营期内，受不确定事项的影响，项目的经营收益状况可观察但无法事前准确预测和证实，如果交易环境发生变化，或者交易环境未发生大的变化，但是当事人（一方或多方）未按照协议条款执行，都会导致项目某一投资方因无法实现预期利益而出现违约行为。当项目经营环境比事前预期更为乐观时，根据初始协议中的收益分配方案，将使私人投资者在特许期内获得超额收益，进而侵害了社会公众的利益。与此相反，当项目经营环境比事前预测的更为悲观时，项目的收益远低于预期值，严重时甚至会使私人投资者无法收回投资，为保护自身利益，私人投资者会提出与政府部门进行再谈判。因此，在契约不完全性特征的影响下，PPP项目各缔约主体发现，事前达成的不完全协议难以阻止项目经营期间出现的再谈判情况，但如果事前协议中权利配置得当将直接影响事后讨价还价行为发生的可能性。

根据参照点契约理论，笔者建议采取刚性契约的方式对PPP项目的剩余控制权进行分配，通过政府担保条款和收益分享条款的组合，合理设计与未来经营密切相关的现金流权分配方案，事先锁定刚性契约中双方都接受的合理收益率水平。本书提出的控制权与现金流权配置方案能够充分发挥PPP项目中公共部门的多重角色，既要做项目的发起人及终极控制人，又要当公共产品或服务的消费者，同时还必须担任规则制定者和公共产品或服务质量的监管者。且该方案遵循成本效益原则，体现了公私部门间风险共担收益共享的精神。

在对PPP项目中常用的政府担保形式按定量描述的难易程度进行分类的基础上，将能够货币化定量描述的政府担保形式按内容分成财务担保类、业绩担保类和其他担保三类，每类政府担保在满足设定的条件时都能够转嫁私人投资者承担的项目风险，实现对项目剩余收益的分配。这些政府担保对公共部门而言意味着潜在的成本支出，而对私人投资者而言是一种或有收益权。

第七章　特许期内公私合作项目剩余控制权配置的契约设计

第一节　构建风险共担、收益共享的剩余控制权配置方案

一　最低收入担保与特许权费征收组合方案

项目投资决策初期，私人投资者考虑到参与公共项目投资所要求的收益率水平，根据对项目的经营情况的预测和特许价格的估计，通过与公共部门进行谈判，双方据以确定特许经营期这一关键要素。在固定特许期约束下，需求风险是影响特许经营期内项目未来现金流量的主要因素之一，且在较长的经营期内对需求进行准确预测几乎是不可能的（Cruz and Marques，2013），图 7 - 1 中的 NPV_{exp}、NPV_{opt} 和 NPV_{pes} 分别代表了不完全契约下受需求不确定性影响项目收益的三种结果。

在协议约定的特许经营期内，私人投资者期望实现的收益值表示为 NPV_{exp}，它是在考虑参数正常波动的情况下，根据预测的市场需求估计项目现金流量并进行模拟的结果。NPV_{exp} 即成为一参照点，锚定了私人投资者的期望收益。当市场需求发生较大变动时，项目的业绩与预期值会出现显著的偏离，NPV_{exp} 曲线也随之发生改变。在比预期更为乐观的经营环境下，快速增长的经营收入使特许经营者能够实现超额收益，NPV_{exp} 曲线移动到 NPV_{opt}；相反，在相对悲

观的经营环境下，特许经营者无法实现期望的收益，甚至出现无法
收回投资的风险，NPV_{exp}曲线移动到NPV_{pes}。乐观的经营环境导致
特许经营者获得暴利，影响了项目的社会效益；而悲观经营环境下
项目的获利水平将影响私人投资者参与公共项目投资的热情。本书
拟在特许经营协议的初始阶段，在公私部门之间建立起一种风险共
担收益共享的剩余控制权自动调节机制。通过合理设计最低收入担
保和特许权费征收组合条款，将特许经营者的收益水平锁定在参照
点NPV_{exp}，即便经营环境发生改变，项目的收益水平也不会使私人
投资者感到失望。

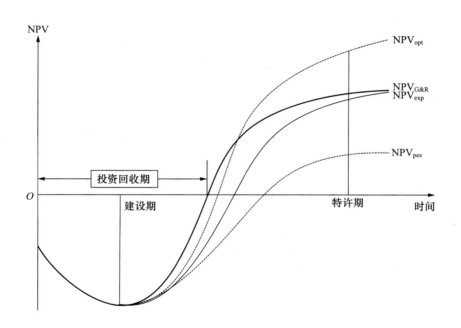

图 7 - 1　需求风险和 G&R 组合方案影响下的 NPV 曲线

如本书第二章关键决策问题中所总结的，MRG 是 PPP 项目中公
共部门转移项目经营风险的最常用形式之一，当项目实际经营收入
低于规定的最低收入标准时，协议约定的最低收入担保额与项目实
际经营收入之间的差额部分由政府部门向特许经营者进行补偿，以

此来降低需求变动对私人投资者的风险。反之，当项目盈利能力较好时，公共部门通过征收特许权费的方式参与项目超额收益的分享，此时获得的收益还可以为项目经营状况恶化时政府需要承担的担保支出积累资金。因此，将 MRG 和特许权费征收条款相结合能够根据项目的经营状况自动将项目的现金流调整到合理的范围，该现金流既可保证特许经营者能支付运营成本、偿还债务，也可以保证其获得预期的回报。

MRG 可以看作是一种鼓励投资者在不确定环境下投资公共项目的激励机制，而特许权费征收条款的应用可以防止私人投资者从项目中获取暴利。特许权费的征收方式有很多种，如定额征收、以经营收入为基础定率征收和以业务量为基础定率征收等。根据 Kang、Feng 和 Kuo（2012）的研究结论，以经营收入为基础定率征收特许权费的方式对公共部门的利益而言是最有利的。

就某个 PPP 项目而言，在特许经营期的初始阶段，项目运营尚不稳定，预期的业务量往往难以实现，公共部门提供的最低收入担保增加了项目的现金流，进而缩短了项目的投资回收期。当项目进入稳定期或增长期，持续增加的经营收入由公共部门以征收特许权费的方式进行控制，使原本会向上偏离的项目价值 NPV_{opt} 随着特许权费率的增加越来越向 NPV_{exp} 靠近。在 MRG 和特许权费征收组合条款（G&R 组合方案）的作用下，项目价值由 NPV_{exp} 调整为 $NPV_{G\&R}$，如图 7-1 中的粗线所示。面对市场需求的较大波动，G&R 组合方案平抑了项目现金流的波动，使 $NPV_{G\&R}$ 曲线较 NPV_{exp} 曲线更平缓。

从曲线 $NPV_{G\&R}$ 的变化我们可以发现，虽然受需求风险变动的影响，通过 M&R 组合条款的合理设计，能够将特许经营者在预先设定的固定特许经营期内的收益水平控制在缔约初期的期望值，使特许经营者不会对经营状况变化后的项目收益水平感到失望。但同时，如果对最低收入担保门槛和特许权费率确定的不合理，也会造成公私部门间风险和收益的不合理分担。

二　确定最低收入担保水平和特许权费率的模型构建

G&R 组合方案的作用就在于根据项目需求变动的风险，对项目经营收入进行自动调节，将特许经营者在协议约定的特许经营期内，按照约定的特许经营价格获得的项目投资收益控制在其决策初期的预期值。为实现这一目标，我们构建模型如式（7-1）所示：

$$\text{Min} Z = NPV_{G\&R} - NPV_{exp} \tag{7-1}$$

其约束条件为：

$$Z \geqslant 0 \tag{7-2}$$

$$0 \leqslant R_G \leqslant R_0 \tag{7-3}$$

$$0 \leqslant \theta \leqslant 100\% \tag{7-4}$$

$$t = 0, 1, 2, \cdots, T_c$$

在式（7-1）中，$NPV_{G\&R}$ 和 NPV_{exp} 都是根据特许经营协议约定的特许经营期 T_c 进行模拟计算的。其中，NPV_{exp} 是按照项目初始预测的参数值估计项目现金流量后，通过蒙特卡洛模拟出的在特许期满时项目获得的 NPV 均值。本书所构建目标函数的经济含义是：当项目的实际经营业务量超出或低于初始预测业务量时，在设计的 G&R 组合方案作用下，通过合理确定最低收入担保水平和特许权费率的最佳组合，能够将发生偏离的项目 NPV 调整到与 NPV_{exp} 最接近的程度。

因提供最低收入担保，政府部门需要将项目实际经营收入 $P_t \times Q_t$ 低于最低收入担保水平 R_G 之间的差额作为补偿支付给特许经营者。本书中，我们采取以收入为基础的特许权费征收方式，并假设特许权费的征收率为 θ。当项目的实际经营收入高于政府部门承诺的最低收入担保水平时，政府部门将按征收率 θ 从项目实际收入中征收特许权费，且保证收费后的项目收入不低于最低收入担保水平。因此，在 MRG 与特许权费征收条款的交互作用下，特许经营者在第 t 年的经营收入需要按照式（7-5）来计算。

$$OR_t = \max[R_G, P_t \times Q_t \times (1 - \theta)] \tag{7-5}$$

与式（4-1）中的 NPV 计算模型不同，$NPV_{G\&R}$ 是基于 G&R 组

合方案作用下的项目经营现金流量计算出来的，其计算方法如式（7-6）所示：

$$NPV_{G\&R} = \sum_{t=T_b+1}^{T_c} \frac{\max[R_G, P_t \times Q_t \times (1-\theta)] - C_t \times Q_t}{(1+r)^t} - \sum_{t=0}^{T_b} \frac{I_t}{(1+r)^t}$$

$$(7-6)$$

该模型的约束条件如式（7-2）、式（7-3）和式（7-4）所示。其中，式（7-2）反映了该模型保护特许经营者合理收益的宗旨，采用 G&R 组合方案对项目的风险与收益在公私部门间进行合理分配时，必须首先保障私人投资者获得不低于项目初期决策时所期望实现的预期收益，即作为参照点的收益水平。式（7-3）和式（7-4）分别表示最低收入担保水平 R_G 和特许权费率 θ 两个决策变量的取值上限和下限。R_G 取值越大，则政府部门将为特许经营者提供越多的补贴，政府部门的成本越高、风险也越大。而 θ 越大，政府可以从项目的超额收益中分享越多的份额，使特许经营者的超额收益得到控制。因此，这两个参数的边界应由双方协商确定。我们认为，最低收入担保水平上限 R_0 的合理取值应是初始决策时按预计的业务量和特许价格估计的经营收入的 100%，其下限是 0。而特许权费征收率的取值范围可以是 0—100%。

特许经营价格、单位经营成本和业务量这三个具有不确定性的变量是影响项目收益水平的关键因素，本书用不同的概率分布函数来描述这些变量的不确定性，并采用蒙特卡洛模拟方法来分析和描绘这些风险因素对项目价值的影响。通过充分次数的迭代运算，可以得到使得 $NPV_{G\&R}$ 接近 NPV_{exp} 的最低收入担保水平 R_G 和特许权费率 θ 的最优解。

三　G&R 组合方案的敏感性分析

在较长的特许经营期内准确预测项目的业务量几乎是不可能的，因此，在需求不确定的情况下对项目做最优的决策非常困难。随着 PPP 融资模式在中国的快速发展和广泛应用，我们试图建立一种能自动调节公私部门间风险和收益均衡分配的 G&R 组合的有效方案。

为实现这一目标，我们通过模拟多种不同的经营情景来反映项目需求的不确定性，并设置不同的 G&R 组合方案以刻画风险和收益的分配效果。首先用业务量的不同取值来模拟项目悲观或乐观的经营情景，其次根据式（7-6）计算出随着需求量的变动，所设置的几组不同 G&R 组合方案下的 $NPV_{G\&R}$ 值。通过这种敏感性分析的方法，对比几种不同 G&R 组合方案对偏离 NPV_{exp} 的项目 NPV 的调整效果，使决策者能够找到一种使公私部门间都比较满意的 G&R 组合方案。所确定的这一有效 G&R 组合方案缩短了公私部门间讨价还价的谈判时间，节省了政府部门的决策成本，提高了政府部门的决策效率，也因此能够促进 PPP 融资模式在中国的发展。

第二节　最低收入担保与特许权费征收组合方案的案例分析

本节以大连市某污水处理 BOT 项目为分析对象，检验上述 G&R 组合方案确定模型的有效性。截至 2012 年，该污水处理项目已投入运营 12 年，根据宋金波等（2012）对项目建成及运营阶段实际数据的整理，本书以此案例的数据为基础，探讨在经营环境变化和需求合理波动的情况下，如何借助于 G&R 组合方案合理分配公私部门间的风险和收益。

一　案例背景

该污水处理 BOT 项目总投资为 1.1 亿元，项目预设的特许经营期为 21 年，其中包括 1 年的建设期和 20 年的运营期。根据同类项目的规律，预计每日污水处理能力约 65000 吨，特许经营协议中规定的由政府部门支付给项目公司的特许经营价格为 1.0 元/吨，污水处理的单位成本为 0.3 元/吨。该行业的基准贴现率为 10%。

从项目前 12 年间的运营数据中发现，项目前三年尚未达到稳定期，实际日处理量分别只有预计的 50%、70% 和 90%。从第 4 年稳产后实际每日污水处理量约为 8 万吨，远远超出预计数。本书根据污水处理类项目经营的波动状况，对项目参数的分布情况做出合理估计；并根据项目前期经营的实际数据，以及实际业务量与预测业务量之间出现的偏差，调整业务量参数，在新的经营环境下重新探讨项目的收益状况。现将与该项目相关的变量的概率分布参数进行归纳，如表 7 - 1 所示。

表 7 - 1　　　　　　　　不确定性参数的概率分布

不确定性参数	随机变量的分布	单位
单位特许价格（P_t）	正态分布（$\mu = 1.0$，$\sigma = 0.1$）	元/吨
单位运营和维护成本（C_t）	均匀分布［$min = 0.3$，$max = 0.2$］	元/吨
预期日处理量（Q_t）	正态分布（$\mu = 65000$，$\sigma = 6500$）	吨
调整后日处理量（Q'_t）	正态分布（$\mu = 80000$，$\sigma = 8000$）	吨

二　项目的初始财务评价

将项目决策初期公私部门间根据初始预测所确定的特许经营协议中的项目参数输入项目净现值和内含报酬率的计算公式中，应用水晶球软件进行蒙特卡洛模拟，得到项目的初始财务评价结果 V_0 和 IRR_0。计算过程如图 7 - 2 所示。

确定性参数：
(1)特许期($T_c = 21$)
(2)行业基准折现率($r = 10\%$)
(3)建设投资($I = 110000000$)

不确定性参数：
(1)特许价格P_t：正态分布($m = 1.0$, $\sigma = 0.1$)
(2)经营与维护成本C_t：均匀分布[$min = 0.3$, $max = 0.2$]
(3)日处理量Q_t：正态分布($m = 65000$, $\sigma = 6500$)

$$V_0 = NPV_{exp} = \sum_{t=1}^{T_c} \frac{(P_t - C_t) \times Q_t \times 365}{(1+r)^t} - I$$

$$NPV_{exp} = \sum_{t=1}^{T_c} \frac{(P_t - C_t) \times Q_t \times 365}{(1+IRR_0)^t} - I = 0$$

$$\Rightarrow IRR_0$$

图 7 - 2　项目初始评价的参数设计和计算过程

在预计日处理量为 6.5 万吨时，对项目特许期内 21 年的经营数据进行蒙特卡洛模拟，通过 1 万次的迭代计算，可得到截至每一年

末的 NPV_{exp} 的均值（见表 7 - 2）。在特许经营期末即第 21 年时，项目的净现值 V_0 的均值为 1613 万元，内含报酬率 IRR_0 为 11.6%，这一结果代表着在项目谈判阶段被公私双方认可的可接受的项目收益指标。受不确定性因素的影响，项目收益的实现具有一定的风险，特许期末该项目净现值 NPV_{exp} 为正值的概率为 76.22%，即私人投资者面临着 23.78% 的可能性无法实现所要求的最低收益。

针对项目过去 12 年的实际运营情况，我们将日处理量的均值由 65000 吨修改为 80000 吨，其标准差仍然为均值的 10%。将 Q_t（$\mu = 65000$，$\sigma = 6500$）替换为 Q'_t（$\mu = 80000$，$\sigma = 8000$），并对乐观经营环境下特许经营期内项目净现值的计算公式进行调整，如式（7 - 7）所示，通过模拟得到 NPV_{opt} 的结果如表 7 - 2 所示。

$$NPV_{opt} = \sum_{t=1}^{T_c} \frac{(P_t - C_t) \times Q'_t \times 365}{(1 + r)^t} - I \qquad (7 - 7)$$

对表 7 - 2 中初始预测业务量对应的 NPV_{exp} 和乐观经营环境下业务量所对应的 NPV_{opt} 进行对比，可以发现，乐观环境下项目的净现值与初始预测值出现了较大的偏离。在特许经营期 T_c 内，NPV_{opt} 的均值上升到 4523 万元，约为 V_0 的 2.8 倍，NPV_{opt} 小于 0 的概率也下降到 4.15%。当日处理量调整为 Q'_t 时，项目的 IRR 上升到 14.4%，比之前增加了约 2.8 个百分点。在乐观经营环境下，投资者可以在第 11.3 年收回投资，比原预测值下对应的 15.7 年的投资回收期提前了 4 年多。以上多项财务评价指标的变化都表明，乐观的经营环境使特许经营者能够获得远远超过预期的收益额。

表 7 - 2　　　　　　NPV_{exp}、NPV_{opt}、$NPV_{G\&R}$ 的均值对比　　　　单位：万元

年	NPV_{exp}（μ）	NPV_{opt}（μ）	$NPV_{G\&R}$（μ）
$t = 0$	-11000	-11000	-11000
$t = 1$	-11000	-11000	-11000
$t = 2$	-10256	-10086	-10256
$t = 3$	-9318	-8927	-9311

续表

年	NPV$_{exp}$（μ）	NPV$_{opt}$（μ）	NPV$_{G\&R}$（μ）
t = 4	− 8215	− 7573	− 8209
t = 5	− 7100	− 6199	− 7094
t = 6	− 6086	− 4952	− 6086
t = 7	− 5166	− 3824	− 5160
t = 8	− 4328	− 2791	− 4322
t = 9	− 3572	− 1852	− 3566
t = 10	− 2879	− 1002	− 2873
t = 11	− 2249	− 233	− 2243
t = 12	− 1676	473	− 1670
t = 13	− 1159	1115	− 1153
t = 14	− 687	1695	− 680
t = 15	− 258	2224	− 246
t = 16	132	2703	145
t = 17	485	3137	498
t = 18	813	3534	819
t = 19	1103	3900	1115
t = 20	1367	4227	1380
t = 21	1613	4523	1625

三　确定 MRG 水平和特许权费率

在前文所述的构建的项目评价优化模型中，目标函数（7-3）的 NPV$_{G\&R}$ 是根据调整后的业务量参数 Q$'_t$ 使用式（7-6）计算的，NPV$_{exp}$ 是以预测的业务量参数 Q$_t$ 为基础根据第四章的式（4-1）计算的。结合本案例的具体参数资料，目标函数的计算方法及约束条件的取值如以下公式所示。下一步的关键问题是通过模拟寻找项目的最优解。

$$\min Z = \left(\sum_{t=1}^{21} \frac{\max[R_G, P_t \times Q'_t \times 365 \times (1-\theta)] - C_t \times Q'_t \times 365}{(1+10\%)^t} - I \right) - \left(\sum_{t=1}^{21} \frac{(P_t - C_t) \times Q_t \times 365}{(1+10\%)^t} - I \right)$$

其中：

$Z \geqslant 0$

$0 \leqslant R_G \leqslant R_0$

$0 \leqslant \theta \leqslant 100\%$

$t = 0, 1, 2, \cdots, T_c$

在这里，需要对所担保的最低收入水平上限 R_0 做进一步说明，R_0 是根据计划的年经营收入均值的 100% 确定的，为 $1.0 \times 65000 \times 365 \times 100\%$。具体约为 2373 万元。

运行水晶球软件中的 OptQuest 程序，该程序通过智能算法寻找模型的最优解。通过模拟运算，该项目的最优解为：特许权费征收率 θ 取值 14%，最低收入担保标准 R_G 约为 19 万元。通过对 10000 次模拟结果进行观察与分析，MinZ 的均值由 2911 万元缩小至仅 12 万元左右，具体如图 7-3 所示。由 R_G 的取值结果可见，19 万元的保障相对于项目的年经营收入而言，所起的担保作用微乎其微，这意味着在这种偏乐观的经营情景下，最低收入担保几乎不起作用。

模拟结果表明，当政府部门按 θ 取值 14% 征收特许权费且不提供最低收入担保时，特许经营者能够获得的净现值的均值约为 1625 万元。特许经营者 $NPV_{G\&R}$ 为负的概率约 24.22%，这与 NPV_{exp} 为负的概率非常接近。以每年从经营收入中按 14% 征收特许权费后的现金流量为基础计算的 $NPV_{G\&R}$ 各年的均值也列在表 7-2 中供比较分析。为了对结果进行更清楚的展示，本书将项目初始 NPV_{exp}、乐观经营环境下的 NPV_{opt} 和 M&R 组合条款调整后的 $NPV_{G\&R}$ 在特许期内各年的均值绘制成曲线图，如图 7-4 所示。通过收取 14% 特许权费来调整偏离的 NPV_{opt} 曲线，调整后的 $NPV_{G\&R}$ 曲线基本与预期 NPV_{exp} 保持一致。为了进行区分，我们将曲线 NPV_{exp} 和 NPV_{opt} 的期限延长至 23 年，而曲线 $NPV_{G\&R}$ 的截止点为特许经营期 21 年。

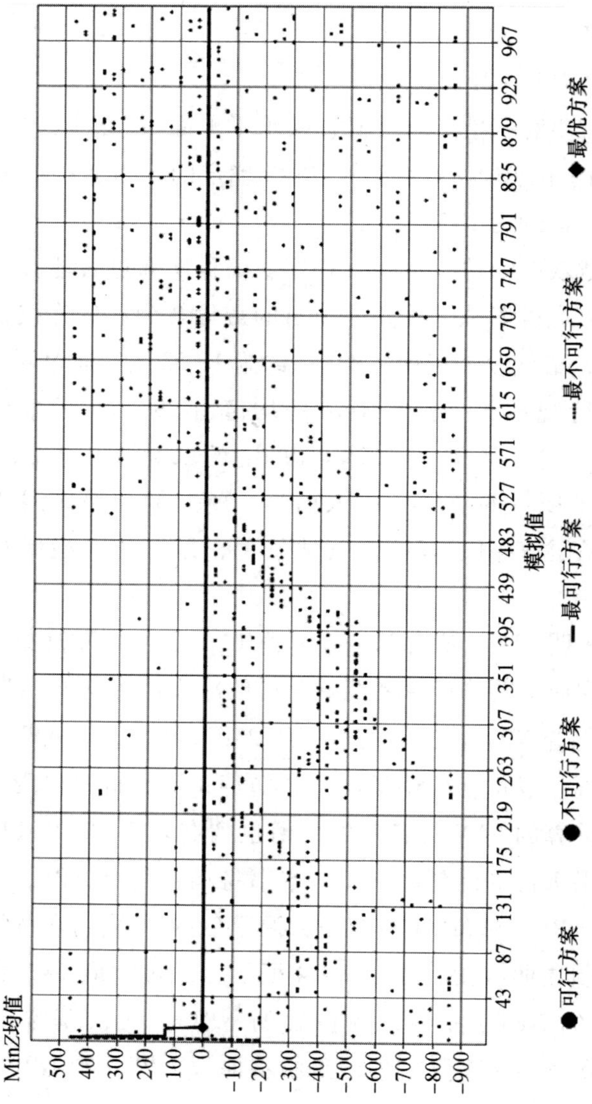

图 7 - 3   目标函数的 OptQuest 测试结果

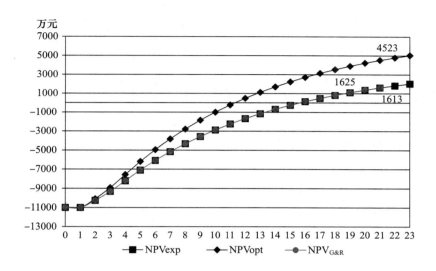

图 7 - 4　项目 NPV$_{exp}$、NPV$_{opt}$ 和 NPV$_{G\&R}$ 曲线对比

由于该项目的经营业绩比预期良好，在本书所建立的公私部门间风险共担收益共享的现金流权配置方案下，政府无须提供担保，因而无须支付与担保相关的成本，但却可以通过征收特许权费的方式分享项目的超额收益。在特许经营期间政府部门征收的特许权费，为特许期满政府接管项目后所发生的运营和维护成本提供了资金储备。然而，在项目谈判初期，双方往往无法准确预测项目未来的实际经营风险。例如，本案例中，如果没有过去12年项目的实际经营数据，我们无法对项目每日业务处理量等参数进行调整，因而难以确定项目的最佳决策方案。

四　敏感性分析

（一）确定 G&R 组合方案

为测试不同 R$_G$ 和 θ 组合的效果，本书使用水晶球软件中的 *decision table* 工具来分析由这两个决策变量变化所导致的项目净现值的变动。我们假设 θ 的取值范围是 0—50%，设变动步长为 5%。R$_G$ 的取值为项目年经营收入均值的 70%—100%，其中年经营收入的均值是由每年业务量均值和特许经营价格的均值共同确定的。该污

水处理项目中 R_G 的取值主要是受每年业务量波动的影响，此处设定 R_G 的变动步长为年业务量的 5%。

我们首先以项目初始预测的日污水处理能力为基础，即 Q_t 遵循均值为 65000，标准差为 6500 的正态分布时，模拟 R_G 和 θ 两个决策变量按设置的步长变化时项目 NPV 的各种结果。Q_t 的分布特征反映了业务量围绕着预期值上下波动时的项目正常经营风险。测试结果如表 7-3 所示。

表 7-3 列示的结果显示，为了将项目收益调整到私人投资者预期的合理水平，随着最低收入担保水平的升高，对应的特许权费收取率也越高。而且当最低收入担保水平达到一定程度时，特许权费率存在一个饱和点，即特许权费率即便再提高也不会影响项目在特许期内的收益水平。比如，表 7-3 中当最低收入担保水平为初始预测业务量的 90% 时，特许权费率超过 30% 后对项目的净现值几乎没有影响。

表 7-3		不同 G&R 组合方案下的 NPV 均值				单位：万元	
	$R_G(70\%)$	$R_G(75\%)$	$R_G(80\%)$	$R_G(85\%)$	$R_G(90\%)$	$R_G(95\%)$	$R_G(100\%)$
$\theta(0\%)$	2085	2262	2476	2747	3093	3534	4070
$\theta(5\%)$	1342	1544	1802	2142	2570	3106	3742
$\theta(10\%)$	611	863	1184	1613*	2142	2785	3522
$\theta(15\%)$	76	233	649	1178	1821	2570	3389
$\theta(20\%)$	-718	315	208	863	1613*	2444	3326
$\theta(25\%)$	-1273	-756	101	662	1506	2394	3301
$\theta(30\%)$	-1720	-1058	-284	567	1462	2375	3295
$\theta(35\%)$	-2016	-1235	-372	529	1443	2369	3295
$\theta(40\%)$	-2180	-1310	-403	517	1443	2369	3295
$\theta(45\%)$	-2243	-1329	-410	517	1443	2369	3295
$\theta(50\%)$	-2255	-1336	-410	517	1443	2369	3295

另外，从本案例的测试结果我们还发现：用 G&R 组合方案对项目经营收入进行调整时，有两组方案使项目的净现值的均值都与原预测的项目净现值基本相同。这两组方案分别是基于 90% 业务量的

MRG 和 20% 的特许权费征收率组合（用 "90% G & 20% R" 表示）和基于 85% 业务量的 MRG 和 10% 的特许权费征收率组合（用 "85% G & 10% R" 表示），两组方案下调整后的项目净现值的均值都是 1613 万元（如表 7-3 中 "＊" 所示的位置），最接近最初预期价值，因此，这两种 G&R 组合方案比其他组合方案更有效。但是，通过对这两组方案下的项目各年的 NPV 均值进行测算并对比后发现，"90% G & 20% R" 组合方案下项目的投资回收期更短，这意味着投资者能尽早收回投资，因此该方案对特许经营者来说更为有利。这两组方案下项目每年的净现值均值列示在表 7-4 中以作比较。

表 7-4　　　　85% G & 10% R 和 90% G & 20% R
组合方案 NPV 值对比情况　　　单位：万元

年	$NPV_{G\&R}(\mu)$ 85% G & 10% R	$NPV_{G\&R}(\mu)$ 90% G & 20% R	年	$NPV_{G\&R}(\mu)$ 85% G & 10% R	$NPV_{G\&R}(\mu)$ 90% G & 20% R
t = 0	-11000	-11000	t = 11	-1890	-1796
t = 1	-11000	-11000	t = 12	-1367	-1292
t = 2	-9570	-9469	t = 13	-901	-832
t = 3	-8354	-8165	t = 14	-473	-416
t = 4	-7289	-7062	t = 15	-82	-38
t = 5	-6281	-6080	t = 16	271	309
t = 6	-5361	-5185	t = 17	592	624
t = 7	-4530	-4372	t = 18	882	907
t = 8	-3774	-3635	t = 19	1147	1166
t = 9	-3081	-2961	t = 20	1392	1399
t = 10	-2457	-2350	t = 21	1613	1613

根据表 7-3 列示的测试结果和从表 7-4 得出的分析结论，本书选择三种具有典型性的 G&R 组合方案，以便进行后续的敏感性分析。这三种方案分别是：（1）方案 H：100% 业务量担保和 30% 特许权费率，此方案代表政府部门采取的高风险和高收益组合方案；（2）方案 M：90% 业务量担保和 20% 特许权费率，此方案代表适中

性组合方案；（3）方案 L：80% 业务量担保和 10% 特许权费率，此方案代表政府部门承担的低风险和低收益组合方案。

（二）各组合方案的业务量敏感性分析

G&R 组合方案的功能就是合理分担私人投资者的经营风险，为实现该功能增强私人投资者参与投资的信心，下一步本书按业务量的变动对三组典型 G&R 方案的财务结果进行敏感性分析。模拟过程中保持其他变量不变，仅日污水处理量 Q_t 以项目初始评价时预测的日处理量均值 65000 吨为基础，变动步长为 1%，变动范围是日处理量的 -20%—20%。为了对比分析不同 G&R 组合方案对项目价值调整的效果，这里增加了一个无政府担保和特许权费的方案。

在各种业务量情景下，通过重复的数值模拟，得到了三种典型 G&R 组合方案的 $NPV_{G\&R}$ 均值和改变业务量 Q_t 的参数后无政府担保和特许权费情况下的 NPV_{exp} 均值，如表 7 - 5 所示，并根据表 7 - 5 所列示的结果绘制经不同 G&R 组合方案调整后的随业务量变动而发生变动的净现值曲线，如图 7 - 5 所示。

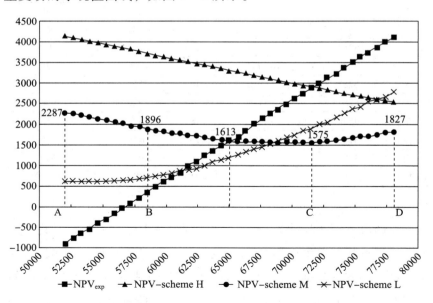

图 7 - 5　G&R 组合方案对业务量变动的敏感性分析

表 7 - 5

业务量变动的敏感性分析

G&R 组合方案	-20% μ=52000	-19% μ=52650	-18% μ=53300	-17% μ=53950	-16% μ=54600	-15% μ=55250	-14% μ=55900	-13% μ=56550	-12% μ=57200	-11% μ=57850	-10% μ=58500	-9% μ=59150	-8% μ=59800	-7% μ=60450
No G & No R	(907)	(769)	(624)	(548)	(378)	(302)	(145)	(32)	88	214	353	498	605	725
100% G & 30% R	4139	4101	4070	4007	3969	3931	3887	3856	3824	3767	3717	3667	3641	3591
90% G & 20% R	2287	2262	2218	2174	2136	2104	2054	2016	1972	1940	1896	1852	1833	1796
80% G & 10% R	617	624	617	617	617	630	636	643	668	699	712	743	788	819

G&R 组合方案	-6% μ=61100	-5% μ=61750	-4% μ=62400	-3% μ=63050	-2% μ=63700	-1% μ=64350	0 μ=65000	1% μ=65650	2% μ=66300	3% μ=66950	4% μ=67600	5% μ=68250	6% μ=68900
No G & No R	838	970	1090	1254	1361	1499	1613	1733	1865	2022	2142	2281	2350
100% G & 30% R	3560	3522	3471	3434	3396	3352	3295	3270	3232	3182	3137	3119	3068
90% G & 20% R	1777	1733	1733	1682	1657	1638	1613	1600	1607	1588	1581	1575	1562
80% G & 10% R	876	907	939	1008	1090	1134	1184	1266	1336	1392	1455	1531	1594

G&R 组合方案	7% μ=69550	8% μ=70200	9% μ=70850	10% μ=71500	11% μ=72150	12% μ=72800	13% μ=73450	14% μ=74100	15% μ=74750	16% μ=75400	17% μ=76050	18% μ=76700	19% μ=77350	20% μ=78000
No G & No R	2482	2621	2741	2879	3005	3150	3232	3383	3509	3629	3723	3862	4007	4133
100% G & 30% R	3018	2967	2936	2885	2867	2835	2785	2741	2703	2671	2640	2608	2577	2533
90% G & 20% R	1581	1581	1569	1575	1588	1600	1619	1651	1676	1707	1733	1751	1802	1827
80% G & 10% R	1676	1739	1852	1884	1997	2048	2167	2268	2369	2426	2533	2583	2652	2778

通过比较图 7 - 5 中四种方案下净现值曲线的变化趋势和波动幅度，可以为政府部门的决策提供信息。通过 G&R 组合方案的调整，净现值曲线的波动幅度都减小了，其中方案 M 在不同的日处理量 Q_t 下的 NPV 与公私双方初始决策时达成共识的 NPV_{exp} 的偏离程度始终保持最小。

从以上模拟结果中我们得到一个重要的结论：在日业务量发生变动的情况下，M 方案的现金流权的配置效果最好，能更好地均衡公私部门间的风险和收益。在悲观的环境下，结合 20% 的特许权费，主要是 90% 的最低收入担保发挥了更多的保护作用，使特许经营者免受业务量下降导致经营损失的结果。反之，在乐观的情况下，20% 的特许权费对于政府部门分享项目超额收益是十分必要的，同时，90% 的收入担保能确保特许经营者在项目初期的不稳定阶段获得足够的现金流量，以满足支付经营成本和融资利息的需要，缓解资金压力。

为了更深入地进行对比分析，针对日污水处理量的变化，我们选择了如图 7 - 5 所示的四种经营情景：两种悲观经营情景（情景 A 和情景 B）、两种乐观经营情景（情景 C 和情景 D）。根据这四种情景下的参数取值，对 H、M、L 三种 G&R 组合方案的效果进行模拟，其结果列示于表 7 - 6 中。为了更明显地显示三种方案在四种情景下对项目现金流权配置的效果，计算每种情景下三种方案调整后的特许期内项目每年的 NPV，并在图 7 - 6 中描绘了这些方案在每种情景下的净现值曲线。由净现值曲线图可见，四种情景下都是方案 M 的 NPV 曲线与项目初始决策阶段的预测值更为接近。

表 7 - 6　　　　　三种组合方案不同需求情景的敏感性分析　　　单位：万元

方案	情景 A - 20%	情景 B - 10%	初始状态：0	情景 C + 10%	情景 D + 20%
	μ = 52000	μ = 58500	μ = 65000	μ = 71500	μ = 78000
No G & No R	- 907	353	1613	2873	4133
100% G & 30% R	4139	3717	3295	2885	2533

续表

方案	情景 A - 20%	情景 B - 10%	初始状态：0	情景 C + 10%	情景 D + 20%
	$\mu = 52000$	$\mu = 58500$	$\mu = 65000$	$\mu = 71500$	$\mu = 78000$
90% G & 20% R	2287	1896	1613	1575 *	1827
80% G & 10% R	617	712	1184	1915	2778

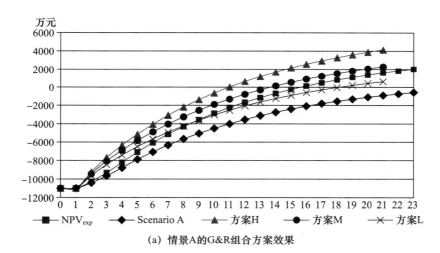

(a) 情景A的G&R组合方案效果

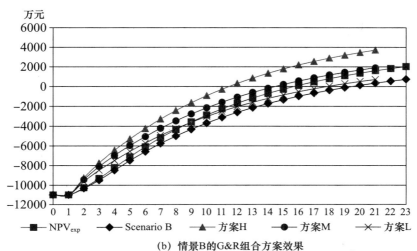

(b) 情景B的G&R组合方案效果

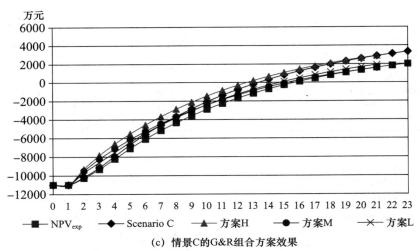

（c）情景C的G&R组合方案效果

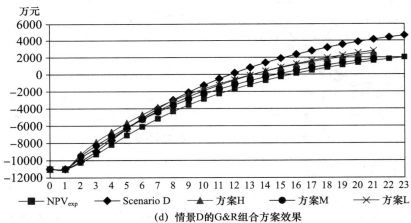

（d）情景D的G&R组合方案效果

图7-6 各情景下G&R组合方案的效果

表7-7　　　　情景C下方案M的NPV与NPVexp对比　　　　单位：万元

年	NPVexp（μ）	NPVG&R（μ） 90% G & 20% R	年	NPVexp（μ）	NPVG&R（μ） 90% G & 20% R
t = 0	−11000	−11000	t = 11	−2249	−1852
t = 1	−11000	−11000	t = 12	−1676	−1342
t = 2	−10256	−9494	t = 13	−1159	−882

续表

年	NPV$_{exp}$ （μ）	NPV$_{G\&R}$ （μ） 90% G & 20% R	年	NPV$_{exp}$ （μ）	NPV$_{G\&R}$ （μ） 90% G & 20% R
t = 3	−9318	−8222	t = 14	−687	−466
t = 4	−8215	−7138	t = 15	−258	−82
t = 5	−7100	−6155	t = 16	132	265
t = 6	−6086	−5254	t = 17	485	580
t = 7	−5166	−4435	t = 18	813	863
t = 8	−4328	−3698	t = 19	1103	1121
t = 9	−3572	−3024	t = 20	1367	1361
t = 10	−2879	−2407	t = 21	1613	1575

需要特别解释的一点是，表 7 - 6 中列示的结果显示：方案 M 在 C 情景下项目的净现值仅为 1575 万元，低于特许经营者的初始期望值 1613 万元（如表 7 - 6 "＊"中所示的位置）。但是，通过下面的验证可以得出方案 M 仍然是可行的。首先，我们计算特许经营期内截至每一年时方案 M 在 C 情景下项目的净现值，将其均值在表 7 - 7 中列示，经过与项目原预测的 NPV$_{exp}$ 值进行对比发现，特许期的前 19 年内方案 M 调整后的项目净现值都高于原预测值，只有最后 2 年低于预期。其次，方案 M 能够将特许经营者的投资回收期由 15.7 年缩短至 15.2 年。最后，方案 M 降低了投资者无法实现预期收益的风险，如图 7 - 7 所示，经营现金流权调整后，NPV$_{G\&R} \geqslant 0$ 的概率为 95.74%，而 NPV$_{exp} \geqslant 0$ 的概率仅为 76.22%。通过以上的分析可见，G&R 组合方案能够增加投资者参与公共项目投资的信心。

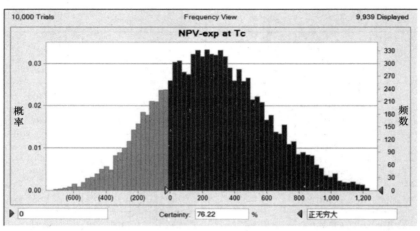

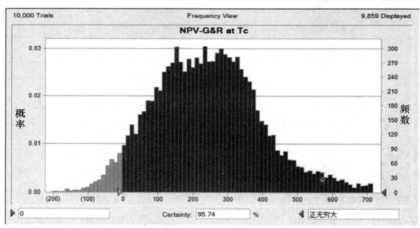

图 7 – 7　情景 C 下方案 M 的 NPV 与 NPV_{exp}的概率分布

第三节　剩余控制权配置中政府部门的成本效益分析

一　政府担保成本和特许权费收入的估价

作为 PPP 项目的决策主体，政府部门在追求项目社会效益最大化的同时，应增强成本意识，适当考虑公共部门的成本效益问题，实现公共部门、私人投资者和社会公众三方的共赢。根据最低收入担保的保证责任，政府每年可能需支付给特许经营者的补偿额 SP_t 取决于最低收入担保标准 R_G 和特许经营者的实际运营收入 $P_t \times Q_t$ 之间的差额。如果项目在第 t 年的实际运营收入超过 R_G，则政府不需要支付任何补贴；否则，政府部门应就差额部分向特许经营者进行补偿。SP_t 可以通过公式 $SP_t = \max（0，R_G - P_t \times Q_t）$ 计算。政府在特许经营期内因承担最低收入担保责任而付出的总成本 C_{MRG} 可以通过将 SP_t 使用社会折现率 r_s 折现的现值来确定，如式（7-8）所示。

$$C_{MRG} = \sum_{t=1}^{T_c} \frac{\max(0, R_G - P_t \times Q_t)}{(1 + r_s)^t} \qquad (7-8)$$

同理，在 G&R 组合方案的作用下，政府部门通过征收特许权费分享的项目收益的价值可以通过式（7-9）进行计算，即项目特许期内政府征收的特许权费按社会折现率折现后的现值。根据组合方案的原理，只有当征收特许权费后的项目经营收入超过最低收入担保标准时，特许权费才会被征收，因此，在式（7-9）中需要增加一个逻辑变量，该变量的取值如式（7-10）所示。

$$V_{roy} = \sum_{t=1}^{T_c} \frac{P_t \times Q_t \times \theta \times k}{(1 + r_s)^t} \qquad (7-9)$$

$$k = \begin{cases} 0, & P_t \times Q_t \times (1-\theta) < R_G \\ 1, & P_t \times Q_t \times (1-\theta) \geq R_G \end{cases} \qquad (7-10)$$

在进行政府部门的成本效益分析时一个关键的变量是社会折现率，前述从特许经营者的角度进行投资决策分析时用到的折现率为投资者所要求的必要报酬率，一般为行业基准折现率或项目的加权平均资本成本。而政府部门投资决策时所使用的社会折现率与投资者的必要报酬率有着明显差异。

二　案例项目政府部门的成本效益分析

如前文所述，式（7-8）和式（7-9）提供了对最低收入担保成本和特许权费收入进行估价的方法。根据本书第四章第三节对合理确定社会折现率的分析过程，结合此案例的特许经营期，采用分阶段递减的社会折现率，经营阶段的前 10 年社会折现率取值为 6% 和 8% 的平均值 7%，第 11—20 年社会折现率的取值为 5%。

　　然后在前述敏感性分析的基础上，针对所选的 5 种经营情景，分别将项目参数代入式（7-8）和式（7-9），通过数值模拟，得到方案 M 下特许期内政府因提供担保责任而承担的潜在成本，以及因征收特许权费而可能实现的收益，并将模拟结果的均值列示在表7-8 中。

表 7-8　　　　　　最低收入担保成本和特许权费收益均值　　　　单位：万元

方案 M 90% G & 20% R	情景 A	情景 B	原始情景	情景 C	情景 D
MRG 成本	5248	3081	1846	1210	857
特许权费收益	19	221	945	2274	3723

　　表 7-8 的结果显示，在项目的初始决策情景下，业务量、特许价格、经营成本等不确定性变量在正常范围内波动时，90% G & 20% R 的组合方案将项目收入锁定在 NPV_{exp}，并降低了项目 NPV 为负的概率。为降低项目风险，政府部门需要支付 1846 万元左右的保证成本。由于特许权费征收条款的存在，使政府部门可以分享到 945 万元收入，这一收入可以弥补一半多的政府担保支出。

　　在悲观的经营情景下，业务量低于期望值的差距越大，政府部门因承担最低收入担保而负担的成本就越高，这说明需求向下波动的风险通过最低收入担保向政府部门转移得越多。政府担保通过改变现金流权的配置路径，确实能增加特许经营者在特许期内的收益，但是它需要有政府部门的财政预算作为支付保障。

　　随着项目经营能力的增强，在乐观的经营情景下，政府部门可以通过收取特许权费分享项目收益，且经营情景越乐观，特许权费收益就越高，这一现金流权的配置能够实现将特许经营者的收益控制在合理的水平。

本章小结

　　本章根据第六章中设计的 PPP 项目控制权与现金流权配置方案，为实现特许经营期内剩余控制权的合理配置，解决契约设计的具体问题，通过最低收入担保和特许权费征收两项措施的组合（G&R），实现 PPP 项目风险共担收益共享的剩余控制权配置目标。

　　针对项目经营风险，根据 G&R 组合方案对项目现金流的影响计算项目的 NPV 指标，采取刚性契约设计的思路，以特许经营者期望的收入水平作为参照点，当经营环境发生改变时，G&R 组合方案可以发挥对项目收益自动调节的功能。通过构建目标函数，当项目的实际经营业务量超出或低于初始预测业务量时，求解 G&R 组合方案中的最低收入担保水平和特许权费率，将发生偏离的项目 NPV 调整到参照点的目标收益水平。

　　结合污水治理 BOT 项目的案例资料验证了 G&R 组合方案的有效性，通过对业务量变动的敏感性分析，对比方案 H、方案 M 和方案 L 对项目净现值的调整效果，得到理想的组合方案为 90% 业务量担保和 20% 的特许权费率组合，在需求不确定情况下具有广泛的适用性。该组合方案为政府部门提供了一个简单的工具来平衡政府和投资者之间的风险和收益，有效地改善了 PPP 项目特许权协议的效果。

　　风险共担收益共享的剩余控制权配置方案在转移项目风险保障经营者收益的同时，也让政府部门承担了潜在的成本，因此决策时政府部门应遵循成本效益原则。在对项目未来经营情况进行模拟的基础上，对政府的最低收入担保成本和特许权收益进行合理估价，增强政府部门的成本意识，实现公共部门、私人投资者和社会公众三方的共赢。

第八章　基于风险收益均衡的政府规制措施组合的优化

第一节　实现风险收益均衡的政府规制措施

鉴于基础设施项目的公共产品属性，PPP 项目要需兼顾社会公众和特许经营方的利益，为实现特许期内项目风险和收益的均衡，政府部门采取合理的政府规制措施必不可少。合理的政府规制措施可以有效化解项目公司社会公益目标与财务目标之间的矛盾。政府规制是指政府部门对公用事业公司或项目实施直接的行政干预或制约，主要表现在市场准入、产品或服务质量、合理报酬率以及价格规制等方面（汪平和邹颖，2014）。PPP 项目能否有效运行以及 PPP 模式能否推广应用需要解决的关键问题，就是项目风险和收益在公私部门间的合理分配。本章以污水处理 BOT 项目为研究对象，探讨实现公私部门间风险和收益均衡的政府规制措施组合方案的决策问题。

一　风险分担的政府规制措施

（一）最低业务量担保

政府希望通过 BOT 融资模式促进污水处理行业的发展，而发展污水处理行业则离不开资金的支持，资金的流入需要依靠稳定的收益来吸引私人投资者的投入。可见，保障项目投资者合理的投资回报率是政府促进污水处理行业发展的前提。

就污水处理项目而言，在特许价格既定的情况下，项目能否达到预计的业务量水平以及业务量的波动状况成为影响项目收益的关键变量。为了保障项目能够实现预期收益，合理分担项目经营风险，政府部门往往在污水处理项目的特许经营协议中向项目公司提供最低业务量担保。如果污水处理厂的实际业务量未达到政府担保的业务量，政府将按照该担保的业务量作为结算水量支付污水处理费；如果实际业务量超过了政府担保的最低业务量，则按照实际业务量支付污水处理费。因此，最低业务量担保水平越高，项目公司的收益就越有保障；但担保水平越高，也意味着政府部门承担的潜在支付风险越大。

设污水处理 BOT 项目运营期内每年的实际业务量为 Q_t，而项目设计的污水处理业务量为 Q_t^*，P_t 为第 t 年的特许经营价格，α 为业务量担保系数，表示政府按照设计业务量 Q_t^* 的一定比例提供最低担保水平，其取值应在 0—100%。由于有最低业务量担保，运营期内项目每年的经营收入应该是实际业务量与特许价格乘积和担保业务量与特许价格乘积中的较高者，第 t 年的经营收入 OR_t 可用式（8－1）表示。

$$OR_t = \max\left[P_t \times Q_t,\ \alpha \times P_t \times Q_t^* \right] \tag{8－1}$$

（二）特许价格调整

污水处理 BOT 项目的特许经营期长达 20—30 年，在较长的特许经营期内，通货膨胀、原材料成本、动力费用的上升等价格因素也会影响项目公司利润目标的实现。参考学者拉姆（Lam，1999）和杨卫华等（2008）对该类影响因素给出的由政府和项目公司共同分担风险的建议，政府部门按照应承担的风险比例调整特许价格。国家 2014 年年底出台的《污水处理费征收使用管理办法》规定了污水处理费征收标准的确定方法及污水处理费调价事宜。具体规定包括污水处理价格的制定应当能够满足污水处理项目的正常运营成本与污泥处置成本，并且使项目获得合理盈利。污水处理价格没有达到满足项目正常运营成本与污泥处置成本并获得合理盈利的，应当逐步调整到位。

本书的特许价格调整方案主要考虑电力价格变化和通货膨胀风险。电力是污水处理厂的主要动力能源，其价格上涨会推动项目公司经营成本上升，减少项目盈利。电力价格由国家有关部门制定，因此应由政府部门承担因电力价格上升所带来的成本增加的风险。通货膨胀因素会使项目公司的成本上升而使收益缩水，在污水处理特许价格由政府部门制定的情况下，通货膨胀风险应通过特许价格的调整机制转嫁给政府部门。

借鉴杨卫华等（2008）关于污水处理 BOT 项目制订的特许价格调整方案及单价调整的思路，当影响经营成本的定价要素变动而发生风险时，需要按变化后的定价要素重新核算特许价格。根据实务中常用的调整方式并结合我国的物价变动趋势，确定每次的价格调整幅度和价格调整周期。设经过调整后第 t 年的特许价格为 P_t，根据式（8-1）净现值的计算方法，在最低业务量担保与特许价格调整规制措施下，项目的收益指标用 NPV_G 表示，如式（8-2）所示。

$$NPV_G = \sum_{t=T_b+1}^{T_c} \frac{\max[P_t \times Q_t, \alpha \times P_t \times Q_t^*] - C_t \times Q_t}{(1+r)^t} - \sum_{t=0}^{T_b} \frac{I_t}{(1+r)^t}$$

$$(8-2)$$

其中，C_t 为第 t 期的经营成本，I_t 为第 t 期的投资成本，r 为行业基本收益率，T_c 为特许经营期。

最低业务量担保和特许价格调整作为收益保护性政府规制措施，可以有效地转移特许期内项目所面临的经营风险，保障项目公司实现预期收益。

二　实现风险收益均衡的政府规制措施组合方案

前述的分析主要体现了项目经营状况负面波动的情况下，最低业务量担保和特许价格调整的规制措施可以实现政府对项目公司的风险分担。但是，当项目经营状况比预期发展得更好时，项目初期的决策可能导致项目产生超额收益。为了维护项目的公益性特征，应该采取收入上限或征收特许权费等限制性政府规制措施，将项目公司在特许期内的收益水平控制在合理的范围内。

　　最低业务量担保与特许价格调整的规制措施可分别与收入上限和特许权费征收规制措施组成两种平衡项目风险与收益的政府规制组合方案，下面分别对两种政府规制组合方案下的项目 NPV 模型进行界定。关于设定收入上限与征收特许权费，Ashuir（2012）在文章中以预测收入的 110% 为收入上限并对超过上限部分的收入设定分配比例，进行案例分析。Sun（2015）基于 BOT 污水处理项目通过最低收入担保与特许经营权费组合方案进行敏感性分析，认为提供 90% 的业务量担保并结合 20% 的特许权费征收率，可以有效地将项目收益锁定在预期值。

　　组合方案一：增加收入上限条款。当项目公司获得的年运营收入超过约定的收入上限时，超出部分将全部归政府部门所有。以某年的特许价格与预测业务量的乘积为基准，设收入上限系数为 $\beta(\beta \geqslant 100\%)$，则设定的收入上限为 $R_U = \beta \times P_t \times Q_t^*$。在实际运营中，若实际收入大于收入上限，则经营收入应为收入上限 R_U，实际收入超过收入上限的部分由政府分享；由于存在最低业务量担保，若实际收入小于最低业务量担保的收入，则经营收入则是担保收入 R_G，实际收入与担保收入之间的差额由政府补贴；若实际收入处于 R_U 与 R_G 之间，则经营收入为实际收入。上述组合方案下项目的年运营收入可用式（8-3）表示。

$$OR_t = \max[\alpha \times P_t \times Q_t^*, \ \min(\beta \times P_t \times Q_t^*, \ P_t \times Q_t)] \qquad (8-3)$$

　　风险分担和收入上限组成的政府规制组合方案下，项目的净现值由 NPV_G 调整为 $NPV_{G\&U}$，具体计算如式（8-4）所示。

$$NPV_{G\&U} = \sum_{t=T_b+1}^{T_c} \frac{\max[\alpha \times P_t \times Q_t^*, \min(\beta \times P_t \times Q_t^*, P_t \times Q_t)] - C_t \times Q_t}{(1+r)^t} -$$

$$\sum_{t=0}^{T_b} \frac{I_t}{(1+r)^t} \qquad (8-4)$$

　　组合方案二：增加特许权费征收条款。参考 Kang 等（2012）的研究结论，本书采取对政府部门而言效率更高的以经营收入为基础征收特许权费的方法，并假设特许权费的征收率为 θ。当项目的经营收入超过担保的最低收入标准 R_G 时，政府将对项目收入按照征收率 θ 征收特许权费，且征收特许权费后的收入不低于最低业务量担保带来的收入；反之，特许经营者不但不需要支付特许权费，而可以获得收入补贴。在风险分担和征收特许权费组合方案下，项目公司在第 t 年的经营收入可以用式（8 - 5）确定。

$$OR_t = \max\left[\alpha \times P_t \times Q_t^*, (1 - \theta) \times P_t \times Q_t\right] \qquad (8 - 5)$$

在风险分担和特许权费征收组合的政府规制组合方案下，项目的净现值由 NPV_G 调整为 $NPV_{G\&R}$，具体计算如式（8 - 6）所示。

$$NPV_{G\&R} = \sum_{t = T_{b+1}}^{T_c} \frac{\max\left[\alpha \times P_t \times Q_t^*, (1 - \theta) \times P_t \times Q_t\right] - C_t \times Q_t}{(1 + r)^t} - \sum_{t = 0}^{T_b} \frac{I_t}{(1 + r)^t} \qquad (8 - 6)$$

第二节　风险分担政府规制措施的决策分析

一　决策分析思路

从污水处理 BOT 项目的盈利模式分析，政府部门支付的服务费是项目公司运营期间的收入来源。因此，业务量水平和特许价格是决定项目整体收益水平的关键因素。项目协议中约定的政府规制措施可以为项目公司实现预期收益提供重要保障，如图 8 - 1 所示。特许价格的调整和最低业务量担保的决策直接影响到政府部门、项目公司和社会公众三方之间的风险及利益分配，本章的目的是在不同业务量担保水平风险分担的基础上，讨论不同特许价格调整周期对项目收益均值和波动率的影响，探索能够实现项目预期收益的合理担保水平与特许价格调整机制。分析结论将为政府在污水处理 BOT 项目中的担保水平和特许价格的调整方面的政府规制方案提供决策依据。

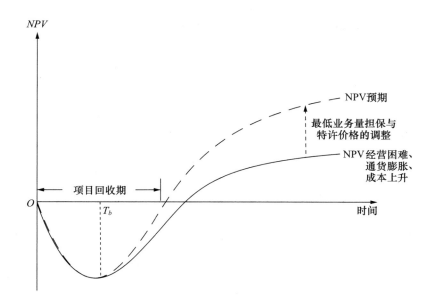

图 8 - 1　最低业务量担保与特许价格调整对项目 NPV 的调节作用

项目 NPV 的取值受参数波动和政府规制措施作用的影响，以水晶球软件为工具对参数波动情况进行蒙特卡洛模拟，将决策变量定义为在最低业务量担保和特许价格调整规制措施作用下的项目收益指标，通过改变担保水平和特许价格调整周期，可以得到在不同担保水平和特许价格调整下的概率分布及数值特征。根据决策变量的模拟结果，以实现项目公司预期收益并能够最大限度地降低项目收益波动性为目标，选择最低业务量担保和特许价格调整的有效方案。

二　风险分担政府规制措施决策的案例分析

（一）案例背景及参数确定

2011 年 8 月，山东省东营市河口区人民政府与黑龙江国中水务股份有限公司签署特许经营协议，授权黑龙江国中水务股份有限公司以 BOT 方式建设山东河口蓝色经济开发区污水处理厂。河口区政府按照约定的水质和水量向该项目提供污水，并支付污水处理服务费。项目总投资 13741 万元，特许经营期为 30 年，其中，建设期一年，运营期为 29 年。该项目已于 2014 年 1 月建成投产，项目运行良好，设计污水处理能力 4 万吨/天，基本水价 2.82 元/吨。预计运营期初业务量较少，第一年仅 2.2 万吨/天，以后逐渐增加；第二年达到 3 万吨/天，第三年达到 3.5 万吨/天，第 4—6 年为 4.48 万吨/天，第 7—13 年为 5.04 万吨/天，第 14 年至运营期末稳定在 5.6 万吨/天。经营成本的主要项目包括电费、人工费、药剂费、污泥运输费、摊销费、修理费和其他费用。预计电费 0.7339 元/千瓦时；人工费 66656 元/月；药剂费 PAC 1800 元/吨、PAM 30000 元/吨、盐酸 800 元/吨、氯酸钠 4200 元/吨；污泥运输费 50 元/吨；摊销费为固定资产投资按 29 年摊销；修理费按 1.5% 的比例收取；其他费用按综合费率 5% 的比例收取。私人投资者在项目经济评价中要求的最低投资收益率为 9.05%。

　　污水处理 BOT 项目的业务量和经营成本是影响项目收益的两个关键的不确定性变量，将它们作为随机变量，并确定其取值范围和概率分布。业务量和经营成本均会随着时间推移而发生波动，由于两者具有非负性，在蒙特卡洛模拟中定义它们服从对数正态分布。

　　以项目的可行性分析报告中的预测业务量 Q_t^* 作为业务量的均值，业务量 Q_t 的波动率取黑龙江国中水务股份有限公司近几年来股票价格的波动率，近似为 30%。该污水处理项目的承接公司黑龙江国中水务股份有限公司为上市公司，项目的波动情况可以用公司股票价格的波动情况来代替。以该公司自 2009 年 4 月重组上市后每月股票价格的变动情况为依据，计算的股票月波动率为 11.23%，折算为年波动为 38.90%，根据其他学者对 BOT 公共项目的研究，该污水处理项目的波动率可取值为 30%。

　　经营成本 C_t 的波动率取值为 10%。在迟海（2007）建立的成本预测控制模型中，通过对未来政策及材料价格上涨趋势的分析，得出污水处理厂经营成本每年约上涨 3.9%，将预测的逐年变动的经营成本 C_t^* 作为其均值。蒙特卡洛模拟中定义的随机变量的概率分布如表 8 - 1 所示。

表 8 - 1　　　　　　　不确定性参数的概率分布

不确定性参数	随机变量的概率分布	单位
年业务量	对数正态分布（$\mu = Q_t^*$，$\sigma = 30\% \times Q_t^*$）	万吨/年
经营成本	对数正态分布（$\mu = C_t^*$，$\sigma = 10\% \times C_t^*$）	万元/年

　　根据 Shen 等的 BOTCcM 决策模型 NPV（T_c）≥IR，私人投资者的投资额为 13741 万元，投资者所要求的最低收益率为 9.05%，得到经营方特许期内期望实现的最低 NPV 为 1244 万元。在水晶球软件中，设置如图 8 - 2 所示的项目相关参数，根据式（8 - 2）对最低业务量担保与特许价格调整规制措施的分析，建立参数与决策变量之间的关系，进行数值模拟。受风险因素影响项目收益会产生波动，公私部门间进行政府规制措施谈判时以期望收益的模拟结果为谈判依据。

确定性参数：

（1）特许经营期（$T_c = 30$）

（2）行业基本收益率（$r = 9.05\%$）

（3）投资成本（$I_0 = 13741$）

不确定性参数：

（1）年业务量 Q_t：对数正态分布（$\mu = Q_t^*$，$\sigma = 30\% \times Q_t^*$）

（2）经营成本 C_t：对数正态分布（$\mu = C_t^*$，$\sigma = 10\% \times C_t^*$）

图 8 - 2　案例参数的确定

（二）风险分担政府规制措施的具体决策

　　由于投资大，回收期长，项目风险大，公私双方在特许经营协议中达成了最低业务量担保承诺。同时，考虑到经营成本上升的趋势，为保证污水处理厂的正常营利，政府部门同意定期调整特许价格以共担部分经营风险。

从污水处理类上市公司年报披露的信息发现，受通胀等因素的影响，特许价格通常由公私部门间商量后定期调整，但不同公司的价格调整周期为1—3年。本书分别在不同的业务量担保水平与特许价格调整周期的方案下测算对项目 NPV 的影响：担保水平分别取预测污水处理能力的 60%、70%、80%、90% 和 100%；特许价格每三年以 3% 的比例上调一次，每两年以 3% 的比例上调一次，每年以 3% 的比例上调一次。通过蒙特卡洛模拟，进行 1 万次迭代计算，我们得到在最低业务量担保和特许价格调整作用下 NPV_G 均值的模拟结果，如表8-2所示。

表 8-2　不同担保水平和特许价格调整机制对 NPV_G 均值的影响

单位：万元

NPV 均值	不调整	每三年调整一次	每两年调整一次	每年调整一次
无担保	-7740.36	-2842.17	267.69	11511.87
60% 的担保水平	-7586.24	-2606.24	548.95	11656.23
70% 的担保水平	-7083.52	-2185.61	998.93	12350.89
80% 的担保水平	-6165.57	-1082.71	2157.21	13798.88
90% 的担保水平	-4434.91	754.06	4153.66	16130.56
100% 的担保水平	-2102.77	3421.39	6873.76	19387.22

从表8-2中的结果可以看出，当经营成本呈持续上涨时，如果特许价格不进行相应的调整，投资者在特许期内甚至无法收回投资，更谈不上盈利。即使提供 100% 的最低业务量担保，净现值仍然为 -2102.77 万元，担保对收益的保障不足以弥补因经营成本上升而带来的收益减少，证明了特许价格调整的必要性。

若特许价格每三年调整一次，在担保水平达到担保最高限时，才可以使项目公司获得超过预期的收益，但是，100% 的担保水平使政府几乎承担了项目的所有风险，政府潜在的成本负债较重。然而，项目公司不用努力经营、不需要采取降本增效等措施，便可以得到充足的业务量收入，这不利于提高项目公司的管理效率。若每年进行一次特许价格调整，项目公司的收益快速增长。特许价格调整对项目收益的影响比最低业务量担保的收益调整效果要明显得多，即使政府不提供业务量担保，项目公司也可以获得远远超过预期的收益。过于频繁的特许价格调整，会通过提高向用户收费标准的方式将负担转嫁给使用者，这可能会引起使用者的不满，也有损于社会公众的利益。因此，根据表 8 - 2 中 NPV$_G$ 随担保水平和特许价格调整周期的变化结果，笔者认为，政府更适合采取每两年进行一次特许价格调整的办法，而且业务量担保水平应该确定在 70% 以上。

虽然每三年调整一次特许价格不足以完全弥补环境变化对经营成本的影响，但如果项目公司能够通过技术进步和有效管理办法来控制经营成本上升，项目公司仍有可能实现预期的收益。那么，在每三年调整一次特许价格的情况下，要想获得高于最低预期的收益，项目公司应该如何控制经营成本上升？本书将经营成本的上升幅度设定在 1% —4%，以 0.5% 的增长幅度测算无业务担保情况下项目的 NPV，结果如表 8 - 3 所示。结果显示，项目公司想实现不低于 1244 万元的净现值，就必须将单位经营成本上涨幅度控制在每年 3% 以内，如果措施得力，成本控制得越好，项目公司的收益也越高。当然，在政府部门提供业务量担保时，项目公司成本控制的压力会相对减小。

表 8 - 3　　　　无担保情况下三年调整周期不同经营
成本上涨幅度对应的净现值

净现值	1.00%	1.50%	2.00%	2.50%	3.00%	3.50%	4.00%
无担保	7648.38	6151.66	4532.83	2816.38	920.7	-1092.23	-3329.11

第三节　风险收益均衡的政府规制措施决策分析

一　风险收益均衡的组合方案决策分析

在风险分担规制措施基础上引入收入上限和特许权费征收条款，可以防止私人投资者从项目中获取超额收益。就某个 BOT 项目而言，在特许经营期的初始阶段，项目运营尚不稳定，预期的业务量往往难以实现，公共部门提供的最低业务量担保增加了项目的现金流，进而缩短了项目的投资回收期。当项目进入稳定期或增长期时，持续增加的经营收入由公共部门以设定收入上限或征收特许权费的方式进行控制，既可以平衡政府的担保收支出，又可以防止私人投资者获得超额收益，最终使风险与收益在公私部门之间进行有效的均衡，措施效果如图 8 - 3 所示。

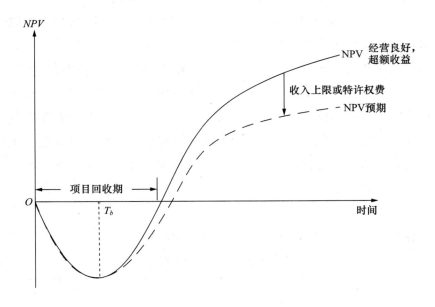

图 8 - 3　收入上限或特许权费征收对项目 NPV 的调节作用

在风险分担的决策中，特许价格以每两年上涨 3% 的幅度调整一次，业务量担保确定在 70% 设计处理量以上时，模拟的 NPV 均值显示，可以保障项目公司实现预期的收益。在相对较低的担保水平下，项目经营现金流的波动性较大，进而影响了 NPV 的稳定性。但是，如果提高担保水平，通过增强现金流的稳定性，使项目收益更有保障，但同时也使收益向更有利于项目公司的方向偏离，可能产生超额收益，因此需要增加收益分享条款来加以限制。

在增加收入上限规制措施时，根据式（8 - 4）$NPV_{G\&U}$ 的计算公式，应用蒙特卡洛模拟分析提高后的担保水平和收入上限的组合效果。假设 β 的取值范围为 110%—170%，以 10% 为变动步长，模拟的 $NPV_{G\&U}$ 的均值如表 8 - 4 所示。结果显示，在业务量担保水平较高时，政府应该分享更多的收益，即收入上限应该限定在相对较低的水平；但在收入分享上限定得过低时，会对项目收益产生掠夺效应。

另外，从表 8 - 4 和表 8 - 5 中的模拟结果分析发现，80% 和 90% 的不同担保水平分别配合不同的收入上限，均能保证实现项目公司的预期收益，例如，90% 的担保水平和 121% 的收入上限组合与 80% 的担保水平和 146% 的收入上限组合都能使项目公司实现 1244 万元的 NPV，但从降低风险的程度和收益的稳定性来看，90% 的担保水平和 121% 的收入上限组合方案效果更佳。

表 8 - 4　　　不同担保水平下收入上限对 $NPV_{G\&U}$ 均值的影响

净现值	110%	120%	130%	140%	150%	160%	170%
90% 的担保水平	- 360.94	1159.04	2211.28	2911.93	3338.05	3637.28	3822.07
80% 的担保水平	- 2304.29	- 763.78	254.95	974.07	1397.36	1734.72	1915.31

表 8 - 5　　　不同担保水平下收入上限对 $NPV_{G\&U}$ 标准差的影响

标准差	110%	120%	130%	140%	150%	160%	170%
90% 的担保水平	1270.15	1632.13	1893.88	2138.52	2305.52	2433.87	2543.21
80% 的担保水平	1621.88	1966.72	2242.69	2493.85	2655.12	2760.45	2836.33

　　在增加特许权费征收规制措施时，根据式（8-6）$NPV_{G\&R}$的计算方法，假设特许权费征收率 θ 的取值范围为 0—10%，以 2% 为变动步长，蒙特卡洛模拟的结果如表 8-6 和表 8-7 所示。结果显示，随着特许权费率的降低，项目净现值逐渐增大，以投资者要求获得的预期收益 1244 万元为参照点，在特许价格每两年调整一次的前提下，政府提供 90% 的业务量担保和 8% 的特许权费率方案与 80% 的业务量担保和 2% 的特许权费率方案与投资者的收益要求最为接近。在收益水平相似的情况下，风险较小的方案更优，因此，从降低经营者风险的角度看，90% 的业务量担保和 8% 的特许权费率组合方案的效果更佳。

表 8-6　　不同担保水平下特许权费率对 $NPV_{G\&R}$ 均值的影响

净现值	20%	10%	8%	6%	4%	2%
90% 的担保水平	-2184.35	482.73	1238.06	1900.93	2639.05	3420.5
80% 的担保水平	-5788.53	-2175.23	-1351.94	-500.48	355.07	1274.68

表 8-7　　不同担保水平下特许权费率对 $NPV_{G\&R}$ 标准差的影响

净现值	20%	10%	8%	6%	4%	2%
90% 的担保水平	1666.38	2916.34	2333.73	2438.96	2573.81	2661.8
80% 的担保水平	1986.3	2522.51	2642.49	2753.02	2840.72	2953.6

　　在只有最低业务量担保与特许价格调整的风险分担政府规制措施时，如果要实现投资者预期的 1244 万元的收益要求，担保水平应该控制在 70%—80%；而在引入收入上限或特许权费的收益分享规制措施后，两种组合方案的测算结果均表明，要保证投资者实现预期的收益，担保水平则需要调整至 90%。业务量担保水平越高意味着项目有更稳定的现金流，经营风险越小。

　　就组合方案一（即最低业务量担保、特许价格调整与收入上限组合方案）和组合方案二（即最低业务量担保、特许价格调整与特许权费征收组合方案）相比较而言，当两种组合方案使项目公司实现相同的预期收益时，通过对比模拟的两种方案下 NPV 的分布特征发现，组合方案一使项目 NPV 值的标准差较小，即项目收益的波动性风险较小，因此该组合方案更优。

二　政府规制措施的成本效益分析

为了吸引私人投资者投资基础设施建设，政府有时可能会担保过度，承担一项较大的或有负债。目前，在已实施的 BOT 项目中，很多项目在特许经营后期使项目公司实现了超额收益。通过对政府担保进行估价，可以量化政府成本，为政府的担保决策提供参考依据。另外，政府对项目收益的分享同样可以量化，作为政府成本与收益是否均衡的判断依据。

（一）政府成本与收益的估价方法

最低业务量担保具有明显的实物看跌期权属性，而收入上限则具有明显的实物看涨期权属性。在确定政府规制决策后，利用实物期权理论可以对政府的成本和收益进行估价。根据政府分担项目风险所承担的潜在成本与分享项目收益的价值，以确定政府通过收益分享能够补偿多少风险分担的成本。

污水处理 BOT 项目的运营收入，采取由政府部门按年度根据污水处理厂的污水处理量来支付污水处理费的方式。当污水处理项目实际业务量低于政府提供的业务量担保水平时，政府需按照特许价格补偿实际业务量与担保业务量之间的差额，即项目公司行使看跌期权。当实际业务量高于政府设定的收入上限水平时，政府会按照特许价格征收实际业务量与收入上限之间的差额，即政府行使看涨期权。因此，项目公司与政府在运营期内的每一年均有行使期权的权利，即选择行权或不行权。

根据政府规制措施所具有的实物期权特性，我们可以利用蒙特卡洛模拟技术来模拟标的资产营业收入在运营期内的波动情况，计算出每年营业收入触发看跌期权时项目公司的行权收益与营业收入触发看涨期权时政府的行权收益，然后分别按照无风险利率折现至

期初便得到期权价值。按照以上原理，在水晶球软件中分别进行 1
万次迭代计算，可以模拟得到期权价值的均值，即政府在污水处理
BOT 项目中由于提供最低业务量担保承担的潜在成本和政府由于分
享收益条款所获得的潜在未来收益。

　　政府最低业务量担保的成本来自未来污水处理厂没有达到预期
收益时政府给予项目的补贴。政府每年需要支付的补贴 S_t 取决于污
水处理 BOT 项目最低业务量担保的收入 R_G 和实际营业收入 $P_t \times Q_t$。
如果第 t 年实际营业收入达到了 R_G，则政府不需要支付任何补贴；
否则，政府应该弥补短缺部分。每年支付的补贴 S_t，如式
（8-7）所示。特许经营期内成本 C_G 可以通过将 S_t 使用无风险利率
折现确定。R_f 通常采用中长期国库券利率，大约为 3%，折现公式
如式（8-8）所示。

$$S_t = \max(0, R_G - P_t \times Q_t) \tag{8-7}$$

$$C_G = \sum_{t=T_{b+1}}^{T_c} \frac{\max(0, R_G - P_t \times Q_t)}{(1 + R_f)^t} \tag{8-8}$$

　　政府的收益来自收入上限的设置，政府通过设置收入上限对污
水处理 BOT 项目分享超额收益。政府每年分享的收益 E_t 取决于污
水处理 BOT 项目的收入上限 R_U 和实际营业收入 $P_t \times Q_t$。如果第 t
年实际营业收入没有超过收入上限 R_U，则政府不需要分享项目公司
的收益。每年分享的收益可以通过式（8-9）计算。同样，政府在
整个特许经营期内分享的收益可以通过将 E_t 使用无风险利率折现确
定，收益价值如式（8-10）所示。

$$E_t = \max(0, P_t \times Q_t - R_U) \tag{8-9}$$

$$V_U = \sum_{t=T_{b+1}}^{T_c} \frac{\max(0, P_t \times Q_t - R_U)}{(1 + R_f)^t} \tag{8-10}$$

（二）政府规制措施的成本与收益估价结果

　　根据前文确定的政府规制决策方案，首先对政府成本进行估价，
政府担保水平为 90%。在特许价格 P_t 确定的情况下，业务量 Q_t 的
波动决定了每年政府的补贴数额。在水晶球软件中，对看跌期权的

估价将担保成本 C_G 定义为决策变量，Q_t 为随机变量。波动率取黑龙江国中水务股份有限公司近几年股票价格的波动率，近似为30%。模拟的期权价值结果如图 8-4 所示。

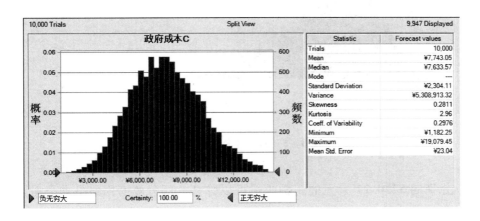

图 8-4　政府成本的模拟结果

从图 8-4 可知，在污水处理 BOT 项目的特许经营期内，政府通过担保需要补贴项目约 7743.05 万元，才能使项目公司获得预期收益，保证项目的顺利实施。

对政府的收益价值进行估价时，收入上限 R_U 的取值为 121% 的上限水平，这决定了项目的最高收入。在水晶球软件中，定义政府收益 V_U 为决策变量，业务量 Q_t 为随机变量。经过 1 万次的迭代计算，模拟的看涨期权的价值结果如图 8-5 所示。

结果显示，政府设置收入上限的政府规制措施后，在特许经营期内，政府可以分享 5730.21 万元的收益。

因此，在所决策的政府规制措施组合方案下，政府为项目公司提供的最低业务量担保所承担的成本约为 7743.05 万元，设置的收益上限条款使政府部门分享的超额收益价值约为 5730.21 万元。最低业务量担保在为项目公司提供收益保障的同时，也使政府部门承担了巨额的财政支出。随着污水处理项目业务量的波动，政府部门

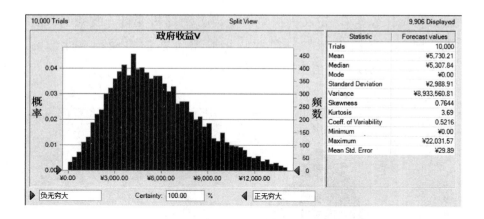

图8－5　政府收益的模拟结果

分享的 5730.21 万元的超额收益可以弥补大部分政府因最低业务量担保需要付出的 7743.05 万元成本。由此，风险分担措施与收入上限的组合方案实现了政府和私人投资者之间在风险和收益方面的均衡。

本章小结

项目受多种风险因素的影响，因此，应采取多种政府规制措施。各种政府规制措施会形成多种组合方案，不同方案对项目剩余控制权分配的效果有优劣。本章通过对多种政府规制组合措施的效果进行对比，分析各种组合方案对项目剩余控制权的配置功能，以及各种组合方案在项目选定的特许经营期内对收益指标的影响，从而完成对契约的优化。

在最低业务量担保与特许价格调整的政府规制方案中，政府承担了部分业务量波动、通货膨胀等风险，可以实现项目风险的合理分担。在风险分担的基础上，通过进一步引入收入上限或特许权费征收的政府规制措施，可以限制私人投资者的超额收益，将其收益水平控制在合理范围内，以实现政府与私人投资者之间风险与收益的均衡。本章构建了两种能够平衡风险和收益的政府规制组合方案，通过案例分析模拟出政府规制方案中不同政府担保水平、特许价格调整周期、收入上限以及特许权费征收比例对项目NPV的影响，最终确定了实现风险收益均衡的政府规制决策方案。本章还根据政府规制措施具有的实物期权特性，应用蒙特卡洛模拟技术对政府规制中政府的成本与收益进行了估价，以提高政府的成本意识，避免盲目担保。

根据对项目案例的决策分析，本章得出了以下相关政府规制决策：针对私人投资者参与污水处理BOT项目承担较大的风险，最低业务量担保与特许价格调整组合的政府规制方案可以有效地分担项目风险。为使私人投资者取得预期收益并尽可能降低项目收益的波动性，以80%或90%的业务量担保水平结合每两年以3%的涨幅调整一次特许价格的政府规制方案，更能够将风险在政府和私人投资者之间进行有效分担。每三年调整一次特许价格的方案不足以补偿每年由于经营成本上升而带来的利润下降，若经营成本能够控制在每年2.9%的上涨幅度内，则每三年调整一次特许价格，可以基本达到项目的预期收益。

通过进一步引入收入上限或特许权费征收的政府规制措施后，通过案例分析得到，90%的担保水平和121%的收入上限组合以及90%的担保水平和8%的特许权费率组合均可以满足项目收益要求。而收入上限对降低项目NPV波动性的效果更为显著，私人投资者获得超额收益的可能性更低。因此，90%的担保水平与121%的收入上限组合可作为污水处理BOT项目中的政府规制决策。

根据最低业务量担保和收入上限具有的实物期权特性，应用蒙特卡洛模拟技术对其进行估价，估价结果表明，在运营期内政府分享的收益基本上可以弥补政府担保所付出的成本。最后，通过合理的政府规制决策，风险和收益在政府与私人投资者之间进行了合理的分配。

第九章　公私合作项目政府担保
实物期权估值研究

第一节　公私合作项目政府担保的
期权估价模型

通过提供政府担保转移部分项目风险具有吸引私人投资者参与项目投资的重要作用，但是，政府部门由于缺乏成本意识、忽略了担保带来的或有负债而盲目地提供较高水平的担保标准，引发潜在的财政负担。相反，如果政府对投资者做出的担保水平过低，项目收益的波动风险较大，又不足以吸引投资者参与投资。因此，通过对政府担保进行合理估价，为政府部门进行担保提供决策信息，这对于基础设施项目的成功实施具有重要意义。

一　政府规制措施的实物期权特性

传统的投资分析方法对投资项目的分析评价具有一定的缺陷，期权定价理论作为金融领域的重要研究成果，使一种新的项目投资评价方法出现，即实物期权法。实物期权方法是建立在金融期权理论基础上的一种项目投资评价方法，它的核心指导思想是：投资者拥有的投资机会和投资管理柔性就像投资者在金融市场上持有的金融期权一样，可以看作是投资者所持有的一种权利期权。

布莱克—斯科尔斯 B—S 期权定价模型，在实物期权研究方面做出了杰出的贡献，尽管当时该模型并未被引入到项目投资领域，但是为后来的实物期权定价奠定了理论基础。经过莫顿等学者的进一步研究，期权定价理论更加完善，期权定价理论也由金融领域逐步引入到项目投资领域。

从实物期权理论的角度，政府的最低业务量担保以及设置收入上限进行收益分享的政府规制措施可以看作 BOT 项目中的欧式看跌期权与欧式看涨期权。当项目实际业务量低于政府的担保业务量时，政府对项目公司进行差额补贴，相当于项目公司持有一份来自政府的欧式看跌期权，满足条件时便会执行。最低业务量担保使项目公司的营业收入不会低于政府担保的污水处理量和特许价格决定的最低收入。该措施相当于政府每年给予项目公司一份看跌期权，执行价格为最低业务量确定的最低收入。当实际业务量低于担保的最低业务量，项目公司将因该期权的存在获得补偿收益，若实际业务量大于最低业务量，收益则为 0。

设置的收入上限以及征收特许权费规制措施均相当于政府每年持有一份欧式看涨期权。当项目收益超过双方约定的数额时触发期权，政府将分享超额收益。收入上限的执行价格为约定的收益上限，而特许权费的执行价格应该是根据最低业务量担保水平来确定的项目收入。

表 9 - 1　　　　　　　政府担保与收益分享的实物期权特性

期权特性	最低业务量担保	收益分享
期权类型	看跌期权	看涨期权
标的资产	营业收入	营业收入
执行价格	业务量担保收入	收益上限/担保收入
到期日	每年年末	每年年末

在政府对项目收益进行规制的过程中，由于政府每年都需要周期性地对项目收益采取规制措施，所以政府规制过程中包含多份看

跌期权与看涨期权。项目特许经营期内的每年年末，项目实际收益大小决定看涨期权与看跌期权是否被执行。在前文的案例分析中，应用蒙特卡洛模拟技术对政府规制带来的两种期权进行价值估计，得出了污水处理 BOT 项目中对项目的收益进行政府规制后政府所承担的成本以及政府所分享的收益价值。

二　政府担保实物期权的二叉树估价模型

政府提供担保可以起到吸引私营投资者投资于高风险的基础设施建设的作用。莫顿教授最早将政府担保看作看跌期权，此后不断有学者应用期权理论对 PPP 项目中的政府担保进行估价。目前，政府保证估价采用的实物期权定价模型中，B—S 期权定价模型和二叉树期权定价模型是较为普遍的两种。

本章运用二叉树模型进行定价研究的原因是：

第一，二叉树是离散的期权定价模型，政府部门针对 PPP 项目的经营风险提供的最低业务量担保都是按年度经营业绩进行兑现，二叉树模型更适合模拟 PPP 项目中经营业绩每年的波动状况。

第二，二叉树期权定价模型相对来说约束条件少，适用范围较大，适合应用在实物期权领域。因此，本章以污水处理 BOT 项目为对象，利用该模型对项目中的最低业务量担保进行估价，在估价的基础上通过案例分析和敏感性分析揭示政府担保水平、业务量预测水平和波动风险等因素对项目财务评价和政府担保成本的影响，为政府公共项目投资决策提供参考信息。

二叉树定价模型由考克斯、罗斯和罗宾斯坦（Cox，Ross and Robinstein）于 1979 年提出。该模型假设：在给定的时间内，证券价格有两个可能的运动方向：上涨或者下跌，每次向上或向下的概率和幅度不变。本章以项目的运营期限为期数、营业收入为标的建立多期二叉树图计算期权价值，如图 9 - 1 所示。

在模型中，假设标的资产为 S；期权价值为 V；期权的期限为 T；在一次变动中，资产价值可能上升为 Su，也可能下降为 Sd；上升概率为 p，下降概率为 1 - p。上升幅度、下降幅度和上升概率的具体计算如式（9-1）所示，其中，σ 为项目价值波动率；Δt 为变动的单位时间（本书 Δt = 1 年）；e 为自然常数（e = 2.718281828459）；R = e^{rΔt}，r 为无风险利率。

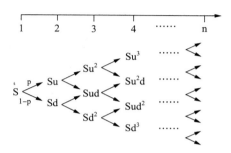

图 9 - 1　多期二叉树原理

$$u = e^{\sigma\sqrt{\Delta t}} \qquad d = e^{-\sigma\sqrt{\Delta t}} \qquad p = \frac{R-d}{u-d} \qquad\qquad (9-1)$$

该模型计算期权价值的原理为：将标的资产描述为二叉树图，在此基础上计算树形图末端执行期权的收益，从末端开始按照无风险利率的连续复利进行倒推贴现，贴现至第 1 年年初得到期权的价值。每一次贴现如式（9-2）所示：

$$V = \frac{1}{R}\left[\frac{R-d}{u-d}V_u + \frac{u-R}{u-d}V_d\right] \qquad\qquad (9-2)$$

其中，V_u 和 V_d 表示末端计算出的两个期权收益，V 表示折现至前一年的期权收益。

三　政府担保实物期权的二叉树估价模型应用

（一）最低业务量担保期权估值的参数确定

首先确定最低业务量担保期权的相关参数，然后在项目运营期初以第一年的预测收入为起点模拟经营收入在运营期内的运动路径，运营期越长，二叉树图就越大、树枝越多。将每一年模拟出的经营收入与执行价格进行比较，计算出每一年年末所有可能的行权支出，倒推贴现后得到该年的期权价值。最后加总得到该最低业务量担保的总价值，也就是政府担保的总成本。

以污水处理 BOT 项目为对象，最低业务量担保二叉树估价模型中所需参数的确定方法如表 9 - 2 所示。其中，无风险利率采取对中国人民银行规定的长期存款利率按年复利的方式进行调整后确定。由于实物期权的标的资产交易性往往较差，其波动率难以估算。本章取标的资产预期值 5%—30% 不等的波动率分别进行估计，以观察波动率大小对期权价格的影响。在单位污水处理费由政府部门确定的情况下，作为标的资产的营业收入的波动率取决于 BOT 项目业务量的波动率。

表 9 - 2　　　　　　　　　　　二叉树模型参数的确定方法

参数	参数确定方法
期权的标的资产（S）	营业收入
期权的到期期限（T）	从项目期初至运营期的每一年
无风险利率（r）	中国人民银行规定的长期贷款利率的调整值
期权的执行价格（K）	特许价格与政府担保的最低业务量确定的营业收入
波动率（σ）	营业收入预测值的 5%—30%

（二）最低业务量担保期权估值的案例分析

根据第四章中佛山市三水污水处理 BOT 项目的案例资料，从两年建设期满后项目开始运营起，应用二叉树估价模型的相关重要参数（见表 9 - 2）。其中，无风险利率以该项目开始建设年份的中国人民银行 5 年期存款利率 3.60% 为基准，每五年计算复利一次，假设运营期间年利率不变，折算出的有效年利率为 3.37%。在整个运营期内，期权的执行价格为由特许价格与设计处理量计算所得的营业收入额 3102.50 万元。此外，我们暂且取 15% 的波动率对该案例中的政府担保进行估价。根据表 9 - 3 中参数确定销售收入的上下波动幅度及概率，时间间隔为一年，结果为 $u = 1.161834$，$d = 0.860708$，$R = 1.034230$，$P = 0.576242$。确定相关参数后，根据二叉树期权定价模型计算项目中保证期权的价值。

表9-3	二叉树期权定价模型参数	
到期期限（T/年）	1—23	
无风险利率（r）	3.37%	
执行价格（K/万元）	3102.50	
波动率（σ）	15%	

运营期第 1 年 80% 的污水处理量下，第 1 年年初以 2482.00 万元营业收入为起点进行模拟，得到第 1 年年末可能的营业收入，根据执行价格 3102.50 万元确定两种情况下分别发生 218.83 万元和 966.22 万元的行权支出，如图 9-2 所示，再贴现至运营期初得到运营期第 1 年的担保成本是 517.82 万元。

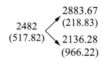

图9-2　运营期第1年的营业收入及担保支出二叉树

第 2 年 90% 污水处理量下，第 2 年年初以 2792.25 万元营业收入为起点进行模拟，计算出第 2 年年末因行权发生的担保支出贴现至第 1 年年末是 286.48 万元，如图 9-3 所示，再根据式（9-2）贴现至运营期初得到该年的担保成本是 277.00 万元。

图9-3　运营期第2年的营业收入及担保支出二叉树

自运营期第 3 年起至第 23 年，营业收入二叉树则是以第三年年初 100% 的污水处理量对应的 3102.50 万元营业收入为起点进行模拟，并据此计算出每年节点上的行权支出，逐年贴现至运营期初得出该年担保成本。其中营业收入的二叉树图如图 9-4 所示，由此得到的运营期第 3 年至第 23 年的每年年末节点上的行权支出如图 9-5 所示，为简化图中数据以万元为单位取整。

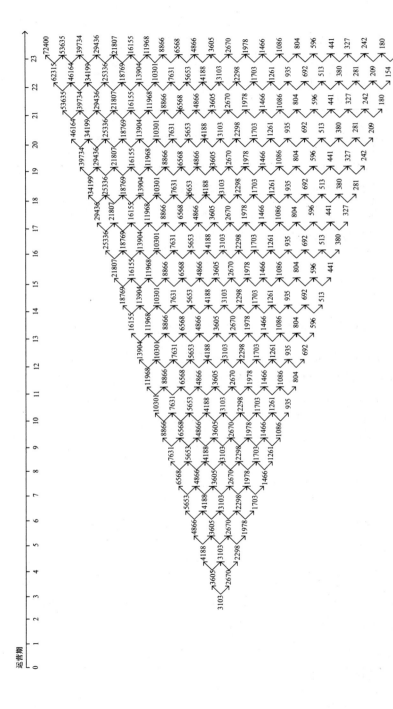

图 9-4　运营期第 3 年起至第 23 年营业收入二叉树

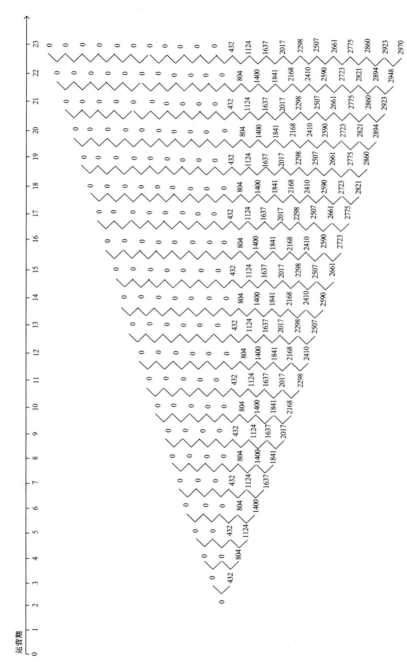

图 9 - 5 运营期第 3 年起至第 23 年担保支出二叉树

最终得出该项目中政府保证形成的 23 个看跌期权的价值如表
9-4 所示，将 23 个期权价值加总，得到最低业务量担保的总价值
为 3816.81 万元。

表 9-4　　　项目运营期第 1—23 年业务量担保的期权价值

年限（年）	期权价值（万元）	年限（年）	期权价值（万元）	年限（年）	期权价值（万元）
T = 1	517.82	T = 9	179.96	T = 17	136.68
T = 2	277.00	T = 10	154.40	T = 18	120.87
T = 3	165.54	T = 11	170.28	T = 19	125.85
T = 4	126.21	T = 12	147.72	T = 20	111.74
T = 5	185.67	T = 13	159.28	T = 21	115.58
T = 6	152.13	T = 14	139.30	T = 22	102.97
T = 7	186.47	T = 15	147.92	T = 23	105.94
T = 8	157.33	T = 16	130.16	合计	3816.81

第二节　政府担保估价的敏感性分析及担保效果分析

一　最低业务量担保估价的敏感性分析

（一）业务量波动率的敏感性分析

业务量波动率即污水处理厂年进水量的波动性大小，在前述期
权价值计算过程中波动率取值为 15%，下面在 5%—30% 的范围内
以 5% 为步长，对波动率的取值进行敏感性分析，测试政府担保期
权价值的变动情况。在此假设除波动率外，项目经营的其他条件均
不变，仍然按照三个阶段来计算。不同波动率取值下，计算的政府
担保期权价值如表 9-5 所示。

表 9 – 5 　　　　　　　　**不同波动率下的担保期权价值**

波动率	5%	10%	15%	20%	25%	30%
期权价值	779.88	1771.05	3816.81	6273.45	8904.84	11579.65

可以看出，在保证水平等其他条件不变的情况下，随着业务量波动率逐渐增大，所估计的政府担保的成本越来越高，且随着波动率的上升担保成本的增长幅度逐渐放缓。

由前面分析可知，担保水平越高，有权获得政府补助的投资者收益保障就越高。因此，在项目投资谈判阶段，项目业务量的波动风险越大，私人投资者越希望政府提供更高的担保水平，以得到充足的收益保障。污水处理 BOT 项目业务量的波动率可以一定程度上代表该项目的风险，在一定的担保水平下，项目风险越高，政府承担的或有负债越大。对于政府部门而言，在项目初始决策阶段，如果能更准确地估计项目的业务量水平，并采取措施担保业务量的稳定性，有助于降低政府部门因提供担保而承担的潜在成本，降低财政风险。

（二）业务量水平的敏感性分析

在分析业务量水平对期权的价值影响时，我们做以下四点假设：第一，业务量水平均值的变动区间为设计处理量的 80%—120%，以 10% 为变动步长；第二，政府提供的担保水平为设计处理量的 100%；第三，在污水处理项目经营期内业务量水平的均值不变；第四，业务量的波动率的取值在 5%—30% 变化，变动步长为 5%。

在上述假设下的敏感性分析的内容包括：以不同的业务量水平均值乘以特许价格计算项目经营起点的营业收入，以此为起点模拟二叉树，对应着不同的波动率参数，计算每种情景下的担保期权价值。具体结果如表 9 – 6 所示。

表 9 – 6   不同波动率下业务量水平对担保期权价值的影响 单位：万元

波动率 ＼ 业务量水平	80%	90%	100%	110%	120%
5%	2069.97	563.53	65.66	3.49	0.24
10%	4195.68	2253.70	1165.55	574.27	304.50
15%	6995.15	4951.88	3431.82	2502.83	1753.03
20%	9815.38	7926.18	6204.86	5122.16	4039.46
25%	12711.77	10930.13	9148.50	8018.82	6889.14
30%	15639.71	13873.42	12107.13	10989.43	9871.73

结果显示，在既定的业务量波动率下，项目运营期内的业务量水平越高，所估计的政府担保成本越低。当业务量的波动率较小为5%时，污水处理厂的业务量水平如果达到设计处理量的120%，政府承担的隐性成本将微不足道，意味着政府担保几乎不起转移风险的作用了。但如果该项目的风险较大，如业务量波动率为30%时，即使项目可达到的业务量水平较高，政府仍然承担着较高的担保成本。

由以上分析可知，业务量的波动性对政府因提供担保而承担的风险有着较大影响。项目决策阶段，政府应充分调研以了解当地各单位的用水总量以及影响污水处理厂进水量的重要因素等，以更充分地掌握和更合理地估计污水处理厂业务量的波动幅度，增强政府担保估价的准确性，以提高政府决策效率。

二 担保水平变动对政府潜在成本和项目收益的影响

（一）担保水平变动对政府潜在成本的影响

以上估价过程是以最低业务量担保水平为设计水处理量的100%情况下计算的，下一步分析如果担保水平适当降低时，政府担保的价值会做出何种变化。

当保证水平是设计水量的90%时，担保期权的执行价格变为原执行价格的90%，即 K_1 为2792.25万元。代入二叉树模型，得出

担保价值 G_1 为 2308. 74 万元。同理, 当担保水平是设计水量的 80% 时, 执行价格 K_2 为 2482. 00 万元, 计算的期权价值 G_2 为 1223. 64 万元。

从上述计算过程可以看出, 案例中当政府对投资者做出 100% 的业务量担保时, 导致政府部门承担了 3816. 81 万元的隐性成本。当担保水平从 100% 降到 90% 和 80% 时, 政府担保的价值分别降为 2308. 74 万元和 1223. 64 万元, 潜在成本大大降低。

（二）担保水平对项目收益指标的影响

以 NPV 为衡量项目收益的指标, 根据污水处理项目特许经营期的现金流量信息, 计算项目 NPV, 该案例中行业基准折现率的取值为 6. 73%。其中, 影响 NPV 的两个重要变量经营收入和经营成本, 均主要受污水处理量的影响。由于这两项变量具有非负性, 定义它们均服从对数正态分布, 业务量的波动率为预测的年业务量均值的 15%。通过蒙特卡洛模拟观察政府担保水平从 100% 分别降到 90% 和 80% 时项目收益的变化情况。

根据担保责任, 政府每年可能需支付给经营者的补偿额取决于担保收入和项目实际运营收入之间的差额。在政府保证作用下, 随着项目经营收入的随机波动, 经营者每年获得的实际营业收入 (R_t) 是项目经营收入 ($P_t \times Q_t$) 与政府担保收入 (K) 两者中的较高者, 如式 (9 – 3) 所示:

$$R_t = \max(P_t \times Q_t, \ K) \qquad\qquad (9-3)$$

当以担保作用下的营业收入为依据进行项目评价时, 项目 NPV_G 的计算公式调整为式 (9 – 4):

$$NPV_G = \sum_{t=T_b+1}^{T_c} \frac{\max[P_t \times Q_t, K] - C_t \times Q_t}{(1+r)^t} - \sum_{t=0}^{T_b} \frac{I_t}{(1+r)^t} \ (9-4)$$

通过蒙特卡洛模拟, 进行 5000 次的迭代计算, 得到 NPV 的统计数据和概率分布。100% 的担保水平下, NPV 的均值为 8095. 62 万元, 标准差为 619. 38 万元, NPV 累计波动率 σ_1 = 619. 38/ 8095. 62 = 7. 65%。担保水平为 90% 时, NPV 的均值为 6760. 17 万元，标准差为 808.40 万元，累计波动率 $\sigma_2 = 808.40/6760.17 = 11.96\%$。担保水平为 80% 时，NPV 的均值为 6091.91 万元，标准差为 940.20 万元，累计波动率 $\sigma_3 = 940.20/6091.91 = 15.43\%$。下面根据三次模拟结果做出 NPV 均值及其波动率与政府担保水平的关系如图 9-6 所示。

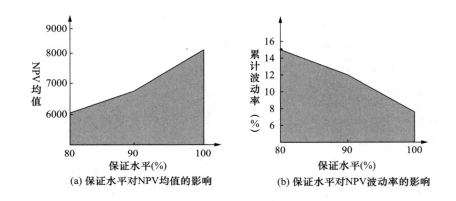

(a) 保证水平对NPV均值的影响   (b) 保证水平对NPV波动率的影响

图 9-6   政府担保水平对 NPV 均值和波动率的影响

可以看到，随着政府担保水平的提高，项目收益逐渐增大，波动性逐渐变小。所以，在污水处理 BOT 项目中，投资者总希望政府能够提供尽可能高的担保水平，以降低投资风险。

（三）政府担保成本与投资者收益的均衡

根据前述政府担保水平变动对担保成本和投资者收益的影响分析，可知政府部门在吸引投资者参与公共项目投资时，可以提供合理的担保以可接受的潜在成本转移一部分项目的经营风险。当政府担保水平较高时，政府承担的成本较大，项目经营风险较多地从投资者转嫁到政府部门；随着担保水平的降低，政府担保成本下降的同时，也引起投资者收益的波动风险增加，过低的担保将不利于吸引私人投资者参与项目投资。根据这一结论，政府在进行担保决策时要充分考虑担保水平对潜在成本和投资者收益的影响，在政府成本与投资者收益间进行均衡，实现一个"双赢"的局面。

本章小结

　　政府部门通过提供政府担保转移项目风险吸引私人投资者参与项目投资的同时，也因提供担保而承担了潜在的成本。正如第三章中所指出的政府担保引发的问题包括因为缺少成本信息而不能及时披露政府部门的潜在风险。

　　根据政府担保具有实物期权特性，结合 PPP 项目的特点，本章主要采用二叉树估价模型对政府担保进行估价研究。以污水处理 BOT 项目为对象，具体分析最低业务量担保的二叉树估价方法，解决政府担保的估值难题，为加强政府担保的信息披露提供成本信息。

　　通过分别对最低业务量担保水平、项目初始业务量水平及业务量波动程度进行敏感性分析，得出以下结论：政府担保的成本和项目收益水平随担保水平上升而增长；若项目达到预计业务量且运营稳定，政府担保的潜在成本较小，但随着业务量波动率增加，担保成本会较快增长；项目业务量波动幅度对担保成本的影响比业务量均值波动的影响更明显。

第十章　公平偏好视角下剩余控制权配置的研究展望

第一节　公平偏好理论的相关研究基础

一　公平偏好理论的研究内容

经过大量的实证和实验研究，行为经济学家和实验经济学家指出人是有限自利的，是具有公平偏好的，即人们不仅关注自身利益也会关心他人利益，关心物质利益的分配是否公平或行为动机是否公平（Forsythe，Horowitz and Savin，1994；Agell and Lundborg，1995；Fahr and Bernd，2000）。动机公平和结果公平是两个重要的公平观，动机公平观认为动机对人的行为决策有重要影响，而结果公平观认为人们往往倾向于结果上的公平比较。行为经济学家相应地把它们归为互惠偏好和差异厌恶偏好，并通常用最后通牒实验（Güth，Schmittberger and Schwarze，1982）来分析人们的公平行为。

目前，公平偏好理论模型主要分为两种。一种以关注行为动机的公平性为主，主要以拉宾（Rabin，1993）的模型为代表。布劳特（Blount，1995）、纳尔逊（Nelson，2002）通过最后通牒实验证明了提议者分配方案的动机对响应者的决策行为产生影响。福尔克、费尔和菲施巴彻（Falk，Fehr and Fischbacher，2003）进一步对"动机"进行完备的刻画，通过不同的实验设计论证了基于动机的互惠偏好确实影响了人们的行为决策。关注动机公平的偏好理论模型最大缺陷是存在多重均衡，且博弈过程较复杂导致应用难题。陈叶烽、周业安和宋紫峰（2011）的实验结果显示，分配动机的公平比分配结果的公平更能影响人们的决策行为。根据该研究结论，PPP项目超额收益分配过程中政府部门的决策应该考虑基于动机的互惠偏好对行为决策的影响，且应该更注重分配过程的公平而不是分配结果的公平。

另一种以关注分配结果的公平性为主，主要以费尔和施米特（Fehr and Schmidt，1999）的收入差距厌恶模型为代表（以下简称F—S模型），认为人们关注自己与其他人的收益差距，这些人存在嫉妒偏好和同情偏好两种情感，既厌恶别人的收入高于自己也厌恶别人的收入低于自己；但也有一些人因自豪偏好而喜欢别人的收入低于自己，这是与同情偏好相反的情感。这时公平偏好是这三种偏好形式的总称。Ho和Zhang（2008）使用描述性的公平偏好效用函数，证实了公平偏好心理在契约实施中确实存在。Loch和Wu（2008）通过实验证明了公平偏好心理影响下各主体的决策行为不再是追求经济利益最大化，这导致了系统整体效率的降低。加罗德（Garrod，2009）采用一个由标准最后通牒博弈、免惩罚博弈及保证博弈组成的实验检验了差异厌恶理论对人的行为决策的影响。基于结果公平的偏好理论可以解释许多博弈实验或社会经济现象，加之该理论模型的易操作性，越来越受到人们的重视。

二　公平偏好理论的应用研究

长期以来，委托—代理问题都是基于参与者是纯粹自利的假设。经济活动的参与者不是纯粹自利的，参与者不仅有自利偏好，而且有公平偏好，且公平偏好影响其行为。

国内外学者对将公平偏好理论应用于激励机制的研究做出了很多尝试。李训、曹国华（2008）研究了委托人是纯粹自利而代理人是公平偏好的情况下的激励机制问题。蒲勇健、郭心毅和陈斌（2010）基于F—S模型研究代理人在关心自己收入的同时关注他人收入情况的委托—代理模型，得出了无论信息是否对称，获得"公平"收入的代理人都将提高其努力水平的结论。

部分学者针对存在委托—代理问题的具体经济环境研究了公平偏好心理的具体应用。Gu 和 Wang（2011）分析了制造商和经销商之间应该考虑公平偏好因素，受到公平对待的经销商不再提高成本，从而使制造商更加具有市场价格竞争力。许民利、沈家静（2014）将公平偏好理论应用到供应链质量管理中，研究信息不对称情况下具有公平偏好的制造商的收益分享与供应商质量投入之间的关系。丁川（2014）通过对比没有公平偏好心理和存在公平偏好心理时的销售渠道激励问题，得出当存在公平偏好心理时，制造商的激励方式能够促进零售商的营销努力程度。秦华、张好雨和柳瑞禹（2015）从纵向公平偏好的视角研究了企业内经理（委托人）与员工（代理人）之间的薪酬激励机制。Qin 等（2016）在实验研究的基础上，分析了公平偏好在供应链批发价格契约决策过程中的影响。

总结上述研究成果，国内外关于公平偏好理论的应用研究主要集中于供应链激励机制和企业经理人与员工薪酬激励问题。在激励机制中考虑经济活动参与者的公平偏好心理，对其激励契约进行设计和优化引起了更多理论界和实务界的关注。

第二节　公私合作项目剩余控制权配置契约优化研究展望

一　公平偏好理论对公私合作项目委托—代理关系的影响

在 PPP 项目公私双方特许经营契约的研究中过去很少有学者引入公平偏好理论，忽视了特许经营者的公平关切心理因素对项目契约激励效果的影响。Yinglin Wang 等（2015）最先指出特许经营者会受到公平偏好心理的影响，关心政府是否在公共部门和私人部门之间公平合理地分配了项目的超额收益。特许经营者出于对公平因素的关切，会将自身收益与政府收益进行比较，若超额收益被政府全部或者大部分分享，特许经营者会产生嫉妒心理，进而为降低政府部门能够分享的超额收益，特许经营者可能会恶意降低其在项目中的努力程度或减少项目的维护成本支出，结果造成对公共产品或服务质量的破坏，以及项目生命周期内服务能力的下降。曹启龙等（2016）在研究中构建了 PPP 项目的多任务委托—代理模型，通过引入特许经营者（代理人）的心理收入因素，分析了政府部门给予投资者的收益在大于或小于同行业平均收益水平时，对激励机制的影响。

现有文献对 PPP 项目中政府与特许经营者之间的委托—代理关系的分析很少考虑到特许经营者的公平偏好心理，忽略了在乐观经营环境下若政府部门出于项目的公益性特征考虑，为控制公共项目的收益水平而分享较高的超额收益时，可能会引发特许经营者的嫉妒心理，造成其对项目运营的努力的程度下降。这种受公平关切心理影响而产生的自利行为，也会影响项目移交后的后续运营，损害社会福利。因此，在超额收益的分享中，引入公平偏好心理因素的影响是 PPP 项目激励机制研究的新方向。

二　公平关切影响下的超额收益分享方案的研究展望

在公平偏好心理因素作用下，在进行超额收益分享方案决策时，特许经营者不仅关注自己获得的收益水平还关注与其他利益者相比是否获得了相对公平的收益，否则可能会采取不利于项目整体效益的惩罚性举动，例如，降低项目投入程度以防止政府分享更多的超额收益的行为。

因此，结合本书前述的 PPP 项目剩余控制权配置方案设计，在乐观经营情景下，特许经营者同意政府部门采取征收特许权费或收入上限的方式分享项目的超额收益，以保证 PPP 项目的公益性，这体现了特许经营者基于动机的互惠偏好心理特征。但在具体的分享决策中如果还是仅以保障特许经营者获得项目原来预期的收益水平，就可能会使得项目超额收益的绝大部分由政府部门分享，进而激发出特许经营者基于结果的差异厌恶偏好心理，导致效用损失。

　　基于公平偏好视角的 PPP 项目收益分享激励问题研究中，主要需要解决好公平偏好的可测度性和公平偏好的稳定性两个问题。

　　可测度性是指对人们的公平偏好心理突破思辨意义上解析，对特许经营者的这种心理进行量化和定量分析，其意义在于通过参数去预测特许经营者的行为。有关公平关切的研究认为当主体收益低于其他主体收益时，会对该主体的效用带来损失，因此一般在效用函数中引入利润差异等形式来刻画主体的公平关切心理，则特许经营者与政府部门的公平效用函数如式（10 - 1）和式（10 - 2）所示：

$$U_C(NPV_C) = NPV_C - \phi_C \times (NPV_G - NPV_C) \qquad (10 - 1)$$

$$U_G(NPV_G) = NPV_G - \phi_G \times (NPV_C - NPV_C) \qquad (10 - 2)$$

　　其中，ϕ_C、$\phi_G > 0$ 分别表示特许经营者和政府部门的公平关切系数，且 $\phi_C > 0$、$\phi_G > 0$，公平关切系数越大，表示主体越重视自身收益的公平。双方在超额收益分享的谈判过程中，不仅仅只关注自身收益的增加，同时也会考虑超额收益分配的公平性。只有在满足双方公平心理需求的基础上，对于分享比例的谈判才会达成一致。因此，最终确定的分享比例必须要满足 $U_C - (NPV_C) > 0$，$U_G(NPV_G) > 0$ 两个约束条件。在该约束条件下，可以得出分享比例的可行区间。

　　公平偏好的稳定性是要证明通过实验的方式测度的公平偏好是否真实地反映了人们在现实生活中的偏好和行为，是否可以用于解释实际现象或解决实际问题。由于人们的行为和偏好的呈现依赖特定情景下的异质性，这就需要公平偏好视角下的收益分享决策在具体运用时需先结合具体的 PPP 项目情景。

　　虽然学者们前期对公平偏好理论已有较为丰富的研究成果，且形成了比较完整且规范的经济学分析框架，但结合 PPP 项目独有的复杂情景，如何将实验研究的结果应用到现实情景，在 PPP 项目的公私部门间构建新的博弈均衡仍然是一个有待深入研究的新课题。

参考文献

［1］ 边军、常杪、吴兰平等:《污水处理 BOT/TOT 项目的固定资产折旧问题》,《中国给水排水》2009 年第 16 期。

［2］ 曹启龙、盛昭瀚、周晶、刘慧敏:《公平偏好下 PPP 项目多任务激励问题研究》,《预测》2016 年第 1 期。

［3］ 陈爱国、卢有杰:《基础设施 PPP 的价格调整及风险分析》,《建筑经济》2006 年第 3 期。

［4］ 陈斌才:《施工企业 BOT 项目的会计与税务处理剖析》,《财政监督》2013 年第 32 期。

［5］ 陈其林、韩晓婷:《准公共产品的性质:定义、分类依据及其类别》,《经济学家》2010 年第 7 期。

［6］ 迟海:《面向污水处理企业的成本控制与改善方法研究》,硕士学位论文,天津大学,2007 年。

［7］ 戴大双:《项目融资》,机械工业出版社 2005 年版。

［8］ 邓敏贞:《公用事业公私合作制实施的问题与对策——以"汇津污水处理案"为实证分析对象》,《行政与法》2013 年第 6 期。

［9］ 丁川:《基于完全理性和公平偏好的营销渠道委托代理模型比较研究》,《管理工程学报》2014 年第 1 期。

［10］ 樊其国:《税收优惠助力 PPP》,《首席财务官》2015 年第 13 期。

［11］ 干华、清亮:《BOT 项目运营企业可享多种税收优惠》,《中国税务报》2012 年 3 月 26 日第 7 版。

[12] 高峰、郭菊娥、赵强兵：《基于障碍期权的基础项目政府担保价值研究》，《预测》2007 年第 2 期。

[13] 高丽峰、张国杰、杜燕：《利用动态博弈中的"分蛋糕"模型确定 BOT 项目特许权期》，《商业研究》2006 年第 2 期。

[14] 谷祺、邓德强、路倩：《现金流权与公司控制权分离下的公司价值——基于我国家族上市公司的实证研究》，《会计研究》2006 年第 4 期。

[15] 国家发展和改革委员会、建设部：《建设项目经济评价方法与参数》（第三版），中国计划出版社 2006 年版。

[16] 郝前进、邹晓元：《"金砖四国"社会折现率的影响因素分析》，《世界经济研究》2009 年第 10 期。

[17] 柯永建、王守清、陈炳泉：《英法海峡隧道的失败对 PPP 项目风险分担的启示》，《土木工程学报》2008 年第 12 期。

[18] 李静华、李启明：《PPP 模式在我国城市轨道交通中的经济风险因素分析——以北京地铁 4 号线为例》，《建筑经济》2007 年第 10 期。

[19] 李启明、申立银：《基础设施 BOT 项目特许权期的决策模型》，《管理工程学报》2000 年第 1 期。

[20] 李善明、王德友、朱滔：《控制权和现金流权的分离与上市公司绩效》，《中山大学学报》（社会科学版）2006 年第 6 期。

[21] 李思思：《我国基础设施建设应用 TOT 融资模式及政策研究》，硕士学位论文，华中科技大学，2006 年。

[22] 李训、曹国华：《基于公平偏好理论的激励机制研究》，《管理工程学报》2008 年第 2 期。

[23] 刘铁军、李秀军：《城市基础设施建设中的 TOT 融资模式探讨》，《现代管理科学》2003 年第 4 期。

[24] 刘伟铭：《道路收费系统的优化模型及算法》，人民交通出版社 2004 年版。

[25] 陆维：《我国城市基础设施建设项目 BOT 融资模式研究》，硕

士学位论文，北京邮电大学，2012 年。

[26] 蒲勇健、郭心毅、陈斌：《基于公平偏好理论的激励机制研究》，《预测》2010 年第 3 期。

[27] 亓霞、柯永建、王守清：《基于案例的中国 PPP 项目的主要风险因素分析》，《中国软科学》2009 年第 5 期。

[28] 秦华、张好雨、柳瑞禹：《基于纵向公平偏好视角的委托代理模型及薪酬激励机制研究》，《技术经济》2015 年第 5 期。

[29] 秦旋：《基于 CAPM 的 BOT 项目特许期的计算模型》，《管理工程学报》2005 年第 2 期。

[30] 邵颖红、黄渝祥：《公共项目的经济评价与决策》，同济大学出版社 2010 年版。

[31] 宋金波、党伟、孙岩：《公共基础设施 BOT 项目弹性特许期决策模式——基于国外典型项目的多案例研究》，《土木工程学报》2013 年第 4 期。

[32] 宋金波、王东波、宋丹荣：《基于蒙特卡罗模拟的污水处理 BOT 项目特许期决策模型》，《管理工程学报》2010 年第 4 期。

[33] 苏启林、朱文：《上市公司家族控制与企业价值》，《经济研究》2003 年第 8 期。

[34] 孙慧、孙晓鹏、范志清：《PPP 项目的再谈判比较分析及启示》，《天津大学学报》（社会科学版）2011 年第 4 期。

[35] 孙慧、叶秀贤：《不完全契约下 PPP 项目剩余控制权配置模型研究》，《系统工程学报》2013 年第 2 期。

[36] 谭运嘉、李大伟、王芬：《中国分区域社会折现率的理论、方法基础与测算》，《工业技术经济》2009 年第 5 期。

[37] 唐冰松、郭树锋、陈文梅、王鑫：《基于投资项目收益最大化的投资模式选择策略》，《建筑经济》2014 年第 12 期。

[38] 唐兴霖、周军：《公私合作制（PPP）可行性：以城市轨道交通为例的分析》，《学术研究》2009 年第 2 期。

［39］汪文雄、李启明：《基于利益相关者多方满意的城市交通 PPP 项目特许价格调整模型研究》，《重庆大学学报》（社会科学版）2010 年第 3 期。

［40］王乐、郭菊娥、孙艳：《基于实物期权的基础设施项目融资中政府担保价值研究》，《运筹与管理》2008 年第 4 期。

［41］王敏：《中国政府会计权责发生制改革论析》，《中央财经大学学报》2007 年第 9 期。

［42］王守清、柯永建：《特许经营项目融资（BOT、PFI 和 PPP）》，清华大学出版社 2008 年版。

［43］卫晋芳：《企业投资高速公路 BOT、BT、TOT 项目应关注涉税问题》，《高等财经教育研究》2014 年第 S1 期。

［44］伍迪、王守清、余勇军：《政府发起 BT 模式建设工程项目的关键成功因素及管理对策》，《建筑经济》2015 年第 6 期。

［45］徐细雄：《参照点契约理论：不完全契约理论的行为与实验拓展》，《外国经济与管理》2012 年第 11 期。

［46］许民利、沈家静：《公平偏好下制造商收益分享与供应商质量投入研究》，《系统管理学报》2014 年第 1 期。

［47］杨宏伟、何建敏、周晶：《在 BOT 模式下收费道路定价和投资的博弈决策模型》，《中国管理科学》2003 年第 2 期。

［48］杨卫华、戴大双、韩明杰：《基于风险分担的污水处理 BOT 项目特许价格调整研究》，《管理学报》2008 年第 3 期。

［49］杨文武、刘正光、毛儒：《香港地铁工程项目的管理模式和经验》，《科技进步与对策》2008 年第 10 期。

［50］易振华：《基于进水量变化的污水处理特许价格调整方法》，《湖南工业大学学报》2009 年第 4 期。

［51］原培胜：《污水处理厂处理成本分析》，《环境工程》2008 年第 2 期。

［52］张国兴、郭菊娥、赵强兵：《基于跳跃—扩散过程的基础设施融资项目政府担保价值研究》，《预测》2009 年第 1 期。

［53］张颖、任若恩、黄薇：《中国代际内与代际间贴现率的实验研究》，《金融研究》2008 年第 9 期。

［54］张喆、万迪昉、贾明：《PPP 三层次定义及契约特征》，《软科学》2008 年第 1 期。

［55］赵立力、黄庆、谭德庆：《基础设施 BOT 项目的产品价格调整机制研究》，《预测》2006 年第 2 期。

［56］周长林：《项目融资 BOT 模式与 TOT 模式的比较》，《经济论坛》2005 年第 11 期。

［57］邹平、付莹：《我国上市公司控制权与现金流权分离——理论研究与实证检验》，《财经研究》2007 年第 9 期。

［58］左庆乐：《收益现值法评估公路收费权的模型选择与参数测定》，《西安公路交通大学学报》1999 年第 3 期。

［59］A. Ng, Martin Loosemore, "Risk Allocation in the Private Provision of Public Infrastructure", *International Journal of Project Management*, Vol. 25, No. 1, 2007.

［60］Anders Chr Hansen, "Do Declining Discount Rates Lead to Time Inconsistent Economic Advice?", *Ecological Economics*, Vol. 60, No. 1, 2006.

［61］Andreas Wibowo, "Valuing Guarantees in a BOT Infrastructure Project", *Engineering, Construction and Architectural Management*, Vol. 11, No. 6, 2004.

［62］Andreas Wibowo, Bernd Kochendörfer, "Financial Risk Analysis of Project Finance in Indonesian Toll Roads", *Journal of Construction Engineering and Management*, Vol. 131, No. 9, 2005.

［63］Andrew J. Edkins, Hedley J. Smyth, "Contractual Management in PPP Projects: Evaluation of Legal Versus Relational Contracting for Service Delivery", *Journal of Professional Issues in Engineering Education and Practice*, Vol. 132, No. 1, 2006.

［64］Andrew Keay, Hao Zhang, "Incomplete Contracts, Contingent Fiduciaries and a Director's Duty to Creditors", *Melbourne University Law Review*, Vol. 32, No. 1, 2008.

[65] Anne Stafford, Jose Basilio Acerete, Pam Stapleton, "Making Concessions: Political, Commercial and Regulatory Tensions in Accounting for European Roads PPPs", *Accounting and Business Research*, Vol. 40, No. 5, 2010.

[66] Armin Falk, Ernst Fehr, Urs Fischbacher, "On the Nature of Fair Behavior", *Economic Inquiry*, Vol. 41, No. 1, 2003.

[67] Athena Roumboutsos, Konstantinos P. Anagnostopoulos, "Public – private Partnership Projects in Greece: Risk Ranking and Preferred Risk Allocation", *Construction Management and Economics*, Vol. 26, No. 7, 2008.

[68] Baabak Ashuri, Hamed Kashani, Keith Molenaar et al., "Risk – neutral Pricing Approach for Evaluating BOT Highway Projects with Government Minimum Revenue Guarantee Options", *Journal of Construction Engineering and Management*, Vol. 138, No. 4, 2012.

[69] Carlos Oliveira Cruz, Rui Cunha Marques, "Flexible Contracts to Cope with Uncertainty in Public – private Partnerships", *International Journal of Project Management*, Vol. 31, No. 3, 2013.

[70] Carmen Almansa Sáez, Javier Calatrava Requena, "Reconciling Sustainability and Discounting in Cost – benefit Analysis: a Methodological Proposal", *Ecological Economics*, Vol. 60, No. 4, 2007.

[71] Chao – Chung Kang, Cheng – Min Feng, Chiu – Yen Kuo, "A Royalty Negotiation Model for BOT (build – operate – transfer) Projects: The Operational Revenue – based Model", *Mathematical and Computer Modelling*, Vol. 54, No. 9 – 10, 2011.

[72] Chao – Chung Kang, Cheng – Min Feng, Chiu – Yen Kuo, "Comparison of Royalty Methods for Build – operate – transfer Projects from a Negotiation Perspective", *Transportation Research Part E*:

Logistics and Transportation Review, Vol. 48, No. 4, 2012.

[73] Chao – Chung Kang, Cheng – Min Feng, Chiu – Yen Kuo, "Using Bi – level Programming to Analyze the Royalty for Private – public Partnership Projects: the Operational Quantity – based Model", *Transportation Planning and Technology*, Vol. 33, No. 3, 2010.

[74] Charles Y. J. Cheah, Jicai Liu, "Valuing Governmental Support in Infrastructure Projects as Real Options Using Monte Carlo Simulation", *Construction Management and Economics*, Vol. 24, No. 5, 2006.

[75] Christoph H. Loch, Yaozhong Wu, "Social Preferences and Supply Chain Performance: An Experimental Study", *Management Science*, Vol. 54, No. 11, 2008.

[76] Claire Hurst, Eoin Reeves, "An Economic Analysis of Ireland's First Public Private Partnership", *International Journal of Public Sector Management*, Vol. 17, No. 5, 2004.

[77] Claude Crampes, Antonio Estache, "Regulatory Trade – offs in the Design of Concession Contracts", *Utilities Policy*, Vol. 7, No. 1, 1998.

[78] Darrin Grimsey, Mervyn K. Lewis, "Evaluating the Risks of Public Private Partnerships for Infrastructure Project", *International Journal of Project Management*, Vol. 20, No. 2, 2002.

[79] David Heald, George Georgiou, "The Substance of Accounting For Public – Private – Partnerships", *Financial Accountability & Management*, Vol. 27, No. 2, 2011.

[80] Douglas Cumming, "Government Policy towards Entrepreneurial Finance: Innovation Investment funds", *Journal of Business Venturing*, Vol. 22, No. 2, 2007.

[81] E. Philip Jones and Scott P. Mason, "Valuation of Loan Guarantees", *Journal of Banking and Finance*, Vol. 4, No. 1, 1980.

[82] Eduardo M. R. A. Engel, Ronald D. Fischer, Alexander Galetovic, "Least – Present – Value of – Revenue Auctions and Highway Franchising", *Journal of Political Economy*, Vol. 109, No. 5, 2001.

[83] Eric Maskin, "On Indescribable Contingencies and Incomplete Contracts", *European Economic Review*, Vol. 46, No. 4 – 5, 2002.

[84] Eric Maskin, Jean Tirole, "Unforeseen Contingencies and Incomplete Contracts", *Review of Economic Studies*, Vol. 66, No. 1, 1999.

[85] Ernst Fehr, Klaus M. Schmidt, "A Theory of Fairness, Competition, and Cooperation", *The Quarterly Journal of Economics*, Vol. 114, No. 3, 1999.

[86] Ernst Fehr, Oliver Hart, Christian Zehnder, "Contracts as Reference Points – Experimental Evidence", *American Economic Review*, Vol. 101, No. 2, 2011.

[87] Esther Malini, "Build Operate Transfer Municipal Bridge Projects in India", *Journal of Management in Engineering*, Vol. 15, No. 4, 1999.

[88] Fei Qin, Feng Mai, Michael J. Fry, Amitabh S. Raturi, "Supply – Chain Performance Anomalies: Fairness Concerns under Private Cost Information", *European Journal of Operational Research*, Vol. 252, No. 1, 2016.

[89] Flora F. Gu, Danny T. Wang, "The Role of Program Fairness in Asymmetrical Channel Relationships", *Industrial Marketing Management*, Vol. 40, No. 8, 2011.

[90] Francesca Medda, "A Game Theory Approach for the Allocation of Risks in Transport Public Private Partnerships", *International Journal of Project Management*, Vol. 25, No. 3, 2007.

[91] Francis Hartman, Patrick Snelgrove, Rafi Ashrafi, "Effective Wording to Improve Risk Allocation in Lump Sum Contracts",

Journal of Construction Engineering and Management, Vol. 123, No. 4, 1997.

[92] Gustavo Nombela, Ginés de Rus, "Flexible – term Contracts for Road Franchising", *Transportation Research Part A: Policy and Practice*, Vol. 38, No. 3, 2004.

[93] Hai Yang, Ka Kin Woo, "Competition and Equilibria of Private Toll Roads in a Traffic Network", *Journal of The Transportation Research Board*, Vol. 1733, 2000.

[94] Hai Yang, Michael G. H. Bell, "Traffic Restraint, Road Pricing and Network Equilibrium", *Transportation Research Part B: Methodological*, Vol. 31, No. 4, 1997.

[95] Hai Yang, William H. K. Lam, "Optimal Road Tolls under Conditions of Queueing and Congestion", *Transportation Research Part A: Policy and Practice*, Vol. 30, No. 5, 1996.

[96] Hedley Smyth, Andrew Edkins, "Relationship Management in the Management of PFI/PPP Projects in the UK", *International Journal of Project Management*, Vol. 25, No. 3, 2007.

[97] Henrik Bakken, Snorre Lindset, Lars Hesstvedt Olson, "Pricing of Multi – period Rate of Return Guarantees: The Monte Carlo Approach", *Insurance: Mathematics and Economics*, Vol. 39, No. 1, 2006.

[98] H. M. Treasury, *The Green Book: Appraisal and Evaluation in Central Government*, London: HMSO, 2003.

[99] Ibrahim M. Badawi, "Globalization of the BOT System and Its Taxation Problems", *Review of Business*, Vol. 24, No. 2, 2003.

[100] Iqbal Khadaroo, "The Actual Evaluation of School PFI Bids for Value for Money in the UK Public Sector", *Critical Perspectives on Accounting*, Vol. 19, No. 8, 2008.

[101] Jaebum Jun, "Appraisal of Combined Agreements in BOT Project

Finance: Focused on Minimum Revenue Guarantee and Revenue Cap Agreements", *International Journal of Strategic Property Management*, Vol. 14, No. 2, 2010.

[102] Jane Broadbent, Richard Laughlin, "Control and Legitimation in Government Accountability Processes: The Private Finance Initiative in the UK", *Critical Perspectives on Accounting*, Vol. 14, No. 1 – 2, 2003.

[103] Jean Tiran Tirole, "Corporate Gorernance", *Econometrica*, Vol. 69, No. 1, 2001.

[104] Jean Shaoul, Anne Stafford, Pamela Stapleton, "Highway Robbery? A Financial Analysis of Design, Build, Finance and Operate (DBFO) in UK Roads", *Transport Reviews*, Vol. 26, No. 3, 2006.

[105] Jonas Agell, Per Lundborg, "Theories of Pay and Unemployment: Survey Evidence from Swedish Manufacturing Firms", *The Scandinavian Journal of Economics*, Vol. 97, No. 2, 1995.

[106] Jonathan Klick, Bruce Kobayashi, Larry Ribstein, "Federalism, Variation, and State Regulation of Franchise Termination", *Entrepreneurial Business Law Journal*, Vol. 3, No. 2, 2009.

[107] Jose Basilio Acerete, Jean Shaoul, Anne Stafford, Pamela Stapleton, "The Cost of Using Private Finance for Roads in Spain and the UK", *Australian Journal of Public Administration*, Vol. 69, No. S1, 2010.

[108] Julie de Brux, "The Dark and Bright Sides of Renegotiation: an Application to Transport Concession Contracts", *Utilities Policy*, Vol. 18, No. 2, 2010.

[109] L. Y. Shen, H. Li, Q. M. Li, "Alternative Concession Model for Build Operate Transfer Contract Projects", *Journal of Construction Engineering and Management*, Vol. 128, No. 4, 2002.

[110] L. Y. Shen, H. J. Bao, Y. Z. Wu, W. S. Lu, "Using Bargaining – game Theory for Negotiating Concession Period for BOT – type Contract", *Journal of Construction Engineering and Management*, Vol. 133, No. 5, 2007.

[111] L. Y. Shen, Y. Z. Wu, "Risk Concession Model for Build/Operate/Transfer Contract Projects", *Journal of Construction Engineering and Management*, Vol. 131, No. 2, 2005.

[112] Li Bing, A. Akintoye, P. J. Edwards, C. Hardcastle, "The Allocation of Risk in PPP/PFI Construction Projects in the UK", *International Journal of Project Management*, Vol. 23, No. 1, 2005.

[113] Li Yaning Tang, Qiping Shen, Eddie W. L. Cheng, "A Review of Studies on Public – Private Partnership Projects in the Construction Industry", *International Journal of Project Management*, Vol. 28, No. 7, 2010.

[114] Liyin Shen, Andrew Plattenb, X. P. Deng, "Role of Public Private Partnerships to Manage Risks in Public Sector Projects in Hong Kong", *International Journal of Project Management*, Vol. 24, No. 7, 2006.

[115] Luke Garrod, "Investigating Motives Behind Punishment and Sacrifice: A Within – Subject Analysis", Working Paper, ESRC Centre for Competition Policy, University of East Anglia, 2009.

[116] Marco Francesconi, Abhinay Muthoo, "Control Rights in Complex Partnerships", *Journal of the European Economic Association*, Vol. 9, No. 3, 2011.

[117] Mark Hall, Robin Holt, Andrew Graves, "Private Finance, Public Roads: Configuring the Supply Chain in PFI Highway Construction", *European Journal of Purchasing & Supply Management*, Vol. 6, No. 3 – 4, 2000.

[118] Martin L. Weitzman, "Gamma Discounting", *American Economic Review*, Vol. 91, No. 1, 2001.

[119] Martin L. Weitzman, "Why the Far – Distant Future Should Be Discounted at Its Lowest Possible Rate", *Journal of Environmental Economics and Management*, Vol. 36, No. 3, 1998.

[120] Martinus P. Abednego, Stephen O. Ogunlana, "Good Project Governance for Proper Risk Allocation in Public – private Partnerships in Indonesia", *International Journal of Project Management*, Vol. 24, No. 7, 2006.

[121] Matthew Rabin, "Incorporating Fairness into Game Theory and Economics", *American Economic Review*, Vol. 83, No. 5, 1993.

[122] Michael Klien, *Managing Guarantee Programs in Support of Infrastructure Investment*, Washington D. C.: The World Bank, 1997.

[123] Michael Spackman, "Time Discounting and the Cost of Capital in Government", *Fiscal Studies*, Vol. 25, No. 4, 2004.

[124] Michel Kerf, R. David Gray, Timothy Irwin et al., *Concessions for infrastructure: A guide to their design and award*, Washington D. C.: The World Bank, 1998.

[125] Mohan Kumaraswamy, Xueqing Zhang, "Governmental Role in BOT – led Infrastructure Development", *International Journal of Project Management*, Vol. 19, No. 4, 2001.

[126] Norman Henderson, Ian Bateman, "Empirical and Public Choice Evidence for Hyperbolic Social Discount Rates and the Implications for Intergenerational Discounting", *Environmental and Resource Economics*, Vol. 5, No. 4, 1995.

[127] Oliver Hart, Andrei Shleifer, Robert W. Vishny, "The Proper Scope of Government: Theory and an Application to Prisons", *Quarterly Journal of Economics*, Vol. 112, No. 4, 1997.

[128] Oliver Hart, John Moore, "Contracts as Reference Points",

Quarterly Journal of Economics, Vol. 123, No. 1, 2008.

[129] Oliver Hart, John Moore, "Foundations of Incomplete Contracts", *Review of Economic Studies*, Vol. 66, No. 1, 1999.

[130] Oliver Hart, John Moore, "Property Rights and Nature of the Firm", *Journal of Political Economy*, Vol. 98, No. 6, 1990.

[131] Paolo Ferrari, "A Three – level Mathematical Programming Model of Road Pricing", *Journal of Global Optimization*, Vol. 28, No. 3, 2004.

[132] Paul Bartlett, "Exploring the Different Approaches to Taxing PPP and PFI Vehicles", *Briefings in Real Estate Finance*, Vol. 4, No. 2, 2004.

[133] Rafael La Porta, Florencio Lopez – De – Silanes, Andrei Shleifer, "Corporate Ownership around the World", *Journal of Finance*, Vol. 54, No. 2, 1999.

[134] Raghuram G. Rajan, Luigi Zingales, "Power in a Theory of the Firm", *Quarterly Journal of Economics*, Vol. 113, No. 2, 1998.

[135] Raphael Henry Arndt, "Risk Allocation in the Melbourne City Link Project", *The Journal of Structured Finance*, Vol. 4, No. 3, 1998.

[136] René Fahr, Bernd Irlenbusch, "Fairness as a Constraint on Trust in Reciprocity: Earned Property Rights in a Reciprocal Exchange Experiment", *Economics Letters*, Vol. 66, No. 3, 2000.

[137] Robert C. Merton, "An Analytic Derivation of the Cost of Depisit Insurance and Loan Guarantee: An Application of Modern Option Pricing Theory", *Journal of Banking and Finance*, Vol. 1, No. 1, 1977.

[138] Robert Forsythe, Joel L. Horowitz, N. E. Savin, Martin Sefton, "Fairness in Simple Bargaining Experiments", *Games and Economic Behavior*, Vol. 6, No. 3, 1994,

[139] Ron Hodges, Howard Mellett, "Accounting for the U. K.'s Pri-

vate Finance Initiative: An Interview – based Investigation", *A Journal of Accounting Finance and Business Studies*, Vol. 41, No. 2, 2005.

[140] S. Ping Ho, "Model for Financial Renegotiation in Public – Private Partnership Projects and Its Policy Implications: Game Theoretic View", *Journal of Construction Engineering and Management*, Vol. 132, No. 7, 2006.

[141] Sabri Boubaker, "On the Relationship between Ownership – control Structure and Debt Financing: New Evidence from France", *Journal of Corporate Ownership and Control*, Vol. 5, No. 1, 2007.

[142] Sally Blount, "When Social Outcomes Aren't Fair: The Effect of Causal Attributions on Preference", *Organizational Behavior and Human Decision Processes*, Vol. 63, No. 2, 1995.

[143] Sanford J. Grossman, Oliver D. Hart, "The Costs and Benefits of Ownership: a Theory of Vertical and Lateral Integration", *Journal of Political Economy*, Vol. 94, No. 4, 1986.

[144] Shou Qing Wang, Robert L. K. Tiong, Seng Kiong Ting, David Ashley, "Political Risks: Analysis of Key Contract Clauses in China's BOT Project", *Journal of Construction Engineering and Management*, Vol. 125, No. 3, 1999.

[145] Shou Qing Wang, Robert L. K. Tiong, Seng Kiong Ting, David Ashley, "Evaluation and Management of Foreign Exchange and Revenue Risks in China's BOT Projects", *Construction Management and Economics*, Vol. 18, No. 2, 2000a.

[146] Shou Qing Wang, Robert L. K. Tiong, Seng Kiong Ting, David Ashley, "Foreign Exchange and Revenue Risks: Analysis of Key Contract Clauses in China's BOT Project", *Construction Management and Economics*, Vol. 18, No. 3, 2000b.

[147] Shou Qing Wang, Robert L. K. Tiong, Seng Kiong Ting, David

Ashley, "Evaluation and Management of Political Risks in China's BOT Projects", *Journal of Construction Engineering and Management*, Vol. 126, No. 3, 2000c.

[148] Stijn Claessens, Simeon Djankov, Joseph P. H. Fan, Larry H. P. Lang, "Disentangling the Incentive and Entrenchment Effects of Large Shareholdings", *Journal of Finance*, Vol. 57, No. 6, 2002.

[149] Sudong Ye, Robert L. K. Tiong, "Effects of Tariff Design in Risk Management of Privately Financed Infrastructure Projects", *Journal of Construction Engineering and Management*, Vol. 129, No. 6, 2003.

[150] Tamyko Ysa, "Governance Forms in Urban Public – private Partnerships", *International Public Management Journal*, Vol. 10, No. 1, 2007.

[151] Teck – Hua Ho, Juanjuan Zhang, "Designing Pricing Contracts for Boundedly rational customers: Does the Framing of the Fixed Fee Matter?", *Management Science*, Vol. 54, No. 4, 2008.

[152] Timothy C. Irwin, *Government Guarantees: Allocating and Valuing Risk in Privately Financed Infrastructure Projects*, Washington D. C.: World Bank, 2007.

[153] Timothy J. Besley, Maitreesh Ghatak, "Government Versus Private Ownership of Public Goods", *Quarterly Journal of Economics*, Vol. 116, No. 4, 2001.

[154] W. Xing, F. F. Wu, "A Game – theoretical Model of Private Power Production", *International Journal of Electrical Power and Energy Systems*, Vol. 23, No. 3, 2001.

[155] Werner Güth, Rolf Schmittberger, Bernd Schwarze, "An Experimental Analysis of Ultimatum Bargaining", *Journal of Economic Behavior and Organization*, Vol. 3, No. 4, 1982.

[156] William Robert Nelson, "Equity or Intention: It Is the Thought

that Counts", *Journal of Economic Behavior and Organization*, Vol. 48, No. 4, 2002.

[157] Xiaohua Jin, Hemanta Doloi, "Interpreting Risk Allocation Mechanism in Public – private Partnership Projects: An Empirical Study in a Transaction Cost Economics Perspective", *Construction Management and Economics*, Vol. 26, No. 7, 2008.

[158] Xueqing Zhang, "Concessionaire Selection: Methods and Criteria", *Journal of Construction Engineering and Management*, Vol. 130, No. 2, 2004a.

[159] Xueqing Zhang, "Critical Success Factors for Public – private Partnerships in Infrastructure Development", *Journal of Construction Engineering and Management*, Vol. 131, No. 1, 2005.

[160] Xueqing Zhang, "Improving Concessionaire Selection Protocols in Public – private Partnered Infrastructure Projects", *Journal of Construction Engineering and Management*, Vol. 130, No. 5, 2004b.

[161] Xueqing Zhang, "Win – win Concession Period Determination Methodology", *Journal of Construction Engineering and Management*, Vol. 135, No. 6, 2009.

[162] Xueqing Zhang, Mohan M. Kumaraswamy, "Hong Kong Experience in Managing BOT Projects", *Journal of Construction Engineering and Management*, Vol. 127, No. 2, 2001.

[163] Yanfang Sun, Lianying Zhang, "Balancing Public and Private Stakeholder Interests in BOT Concessions: Minimum Revenue Guarantee and Royalty Scheme Applied to a Water Treatment Project in China", *Journal of Construction Engineering and Management*, Vol. 141, No. 2, 2015.

[164] Yinglin Wang, Jicai Liu, "Evaluation of the Excess Revenue Sharing Ratio in PPP Projects Using Principal – agent Models", *International Journal of Project Management*, Vol. 33, No. 6, 2015.

［165］ Yu – Chiun Chiou, Lawrence W. Lan, "Royalty Models for Build – operate – transfer Transportation Projects with Uncertainties", *Transportmetrica*, Vol. 2, No. 3, 2006.

［166］ Zitao Zhang, Pablo L. Durango – Cohen, "A Strategic Model of Public – private Partnerships in Transportation: Effect of Taxes and Cost Structure on Investment Viability", *Research in Transportation Economics*, Vol. 36, No. 1, 2012.